ZOUXIANG GAOZHILIANG
GAODENGJIAOYU RUHE GAOZHILIANG FAZHAN

走向高质量
——高等教育如何高质量发展

卢彩晨　著

 中国政法大学出版社

2023·北京

声 明	1. 版权所有，侵权必究。
	2. 如有缺页、倒装问题，由出版社负责退换。

图书在版编目（CIP）数据

走向高质量：高等教育如何高质量发展/卢彩晨著.—北京：中国政法大学出版社,2023.4
　ISBN 978-7-5764-0891-1

Ⅰ.①走… Ⅱ.①卢… Ⅲ.①高等教育—教育质量—研究—中国 Ⅳ.①G649.21

中国国家版本馆CIP数据核字(2023)第071647号

出　版　者	中国政法大学出版社
地　　　址	北京市海淀区西土城路25号
邮寄地址	北京100088 信箱8034分箱　邮编100088
网　　　址	http://www.cuplpress.com（网络实名：中国政法大学出版社）
电　　　话	010-58908586(编辑部) 58908334(邮购部)
编辑邮箱	zhengfadch@126.com
承　　　印	固安华明印业有限公司
开　　　本	880mm×1230mm　1/32
印　　　张	5.75
字　　　数	150千字
版　　　次	2023年4月第1版
印　　　次	2023年4月第1次印刷
定　　　价	49.00元

序 言

2021年3月,政府提出了建设高质量教育体系的新目标。自此,关于教育高质量发展、高等教育高质量发展的讨论几乎一直没有停歇。各种研讨会遍布大江南北、长城内外,各种讨论如火如荼。与此同时,全国各地各高校有关高等教育高质量发展的新政不断出台、新举措不断涌现,举国上下提升高等教育质量的热情不断高涨。

在这些日子里,我深切地感受到举国上下对高等教育高质量发展的殷切期盼,对建设高等教育强国的无比渴望,同时也深切地感受到举国上下对实现高等教育强国的宏伟目标充满了信心。一时间,我仿佛看到了我国高等教育高质量发展的大幕正在缓缓开启,一幅精美的高等教育高质量发展画卷正在徐徐展开。

回望历史,中华人民共和国成立70多年来,我国逐渐从一个高等教育较弱的国家,发展成为世界高等教育在学总人数规模最大的国家。今天,我国的高等教育事业已非昔日可比,正在大踏步地从规模扩张的时代向高质量发展的时代转型,正在大踏步地从高等教育大国向高等教育强国迈进。我为伟大的祖国取得如此骄人的高等教育业绩,感到无比骄傲和自豪!

但是，与此同时，我们也清醒地看到，我国虽然是世界高等教育在学总人数规模最大的国家，却依然不是高等教育强国。我们与世界高等教育强国在某些方面还存在一定的差距。如何以建设高质量教育体系为契机，加快缩小与世界高等教育强国的差距，这是摆在各级政府教育行政部门面前，也是摆在每一所高校、每一位高等教育工作者和每一位高等教育研究者面前的重大课题。

我们深知，回答好这一重大课题，我国高等教育将更有朝气、更有活力、更可持续、更趋强大。对此，每一位高等教育利益相关者都有不可推卸的责任。作为专门从事高等教育研究的工作者，更应思考在前。当此国家高等教育日趋博兴强大之际，我愿为其略尽绵薄之力。若有一丝贡献，则倍感幸甚！

卢彩晨

2022 年 10 月 1 日于兰州

目 录

序 言 ·· 001

引 言 ·· 001

第一章 概念框架 ·································· 006
高等教育哲学 ······································ 006
系统高质量 ·· 008
要素高质量 ·· 012
治理体系和治理能力 ···························· 014

第二章 重审高等教育哲学 ···················· 018
锚定高深知识 ······································ 019
重构高等教育哲学基础 ························ 024
警惕两种高等教育哲学 ························ 033
坚持辩证唯物主义立场 ························ 040
认识高深知识生产传播规律 ················ 042
构建中国特色高等教育哲学 ················ 045

第三章　提升系统质量 ·············· 050
从基础教育抓起 ················· 050
改革普职比1∶1 ················· 055
处理好中大衔接关系 ··············· 057
优先事项：本科高校分类 ············· 060
重中之重：打通堵点 ··············· 067
落实标准 ····················· 071
改革师范教育 ·················· 073
打通公民办师资界限 ··············· 077
完善"专升本"立交桥 ·············· 079
深化产教融合 ·················· 082

第四章　提升要素质量 ·············· 085
推动以学生为中心 ················ 085
重构课程体系 ·················· 088
改革教学方式 ·················· 092
深化绩效评价改革 ················ 100
加强"双师"师资建设 ·············· 103
重视非事业编行政队伍 ·············· 105
完善中层干部管理制度 ·············· 108
纠正过度追求科研成果数量倾向 ········· 110
走出象牙塔 ··················· 113

第五章　推进治理体系和治理能力现代化 ······ 121
转型：加强中国特色大学制度建设 ········ 121

推进循证教育 ……………………………………… 135

深化"放管服"改革 ……………………………… 141

处理好计划与市场的关系 ………………………… 146

加快评价制度改革 ………………………………… 149

延长校长任职年限 ………………………………… 152

加大政策执行监督力度 …………………………… 155

推进数字化 ………………………………………… 157

改变省部共建思维 ………………………………… 160

深化后勤社会化改革 ……………………………… 163

按知识生产传播规律办事 ………………………… 167

参考文献 ……………………………………………… 171

后　记 ………………………………………………… 177

引 言

2021年3月11日，十三届全国人大四次会议表决通过了《关于国民经济和社会发展第十四个五年规划和2035年远景目标纲要的决议》。《中华人民共和国国民经济和社会发展第十四个五年规划和2035年远景目标纲要》（以下简称《纲要》）提出："十四五"时期是我国全面建成小康社会、实现第一个百年奋斗目标之后，乘势而上开启全面建设社会主义现代化国家新征程、向第二个百年奋斗目标进军的第一个五年。对教育，《纲要》提出了"建设高质量教育体系"的新目标新任务。一方面，这意味着我国教育包括高等教育将实现历史性跨越和划时代转折；另一方面，也意味着我们的教育尤其是高等教育将面临前所未有的巨大挑战。新伟业、新蓝图，需要我们共同努力、积极构建。

关于高等教育高质量发展，让我们从历史的视角考察这一问题。1998年10月，联合国教科文组织在第一届世界高等教育大会的宣言《21世纪的高等教育：愿景和行动》中就已经提出："21世纪将是更加注重质量的世纪。由数量向质量的转移，标志着一个时代的结束和另一个时代的开始。"

反观当时的我国，在世界高等教育大会召开后的1999年，我国高等教育开始实施扩招计划，没有与世界高等教育注重质量的发展同步发展。2006年，根据高等教育扩招后出现的质量下降问题，国务院常务会议提出，要控制高等教育招生数量，稳定高等教育规模，将高等教育发展的重心转向提高高等教育质量。此后直至今日，高等教育内涵发展、提高高等教育质量，逐渐成为高等教育领域的"常用词""关键词"。2009年7月，第二届世界高等教育大会在巴黎召开，会议公报《高等教育与研究在促进社会变革和发展方面的新活力》提出："在当代高等教育中，质量保障至关重要，必须包括所有利益相关者。要建立质量保障体系，形成多种评价模式，形成一种质量文化。"此时的我国正在组织全国教育领域的专家学者起草《国家中长期教育改革和发展规划纲要（2010—2020年）》。不知是起草组专家受到了第二届世界高等教育大会公报的影响，还是深切感受到了我国高等教育规模扩张后面临质量下降的严峻挑战，其在《国家中长期教育改革和发展规划纲要（2010—2020年）》中重新明确了高等教育要实现内涵式发展的目标。不管是国际上重视高等教育质量的大潮使然，还是国内的高等教育质量危机使然，也不管是我们在多大程度上提高了质量，最起码我们从思想意识上与世界高等教育的质量要求实现了统一步调。

2021年我国政府发布的《纲要》明确了我国要建设高质量教育体系。2022年5月，联合国教科文组织召开了第三届世界高等教育大会。非常有趣的是，大会宣言《超越极限：重塑高等教育的新路径》提出："面对日益复杂和充满挑战的全球局势，我们需要迈出大步重塑高等教育，为世界高等教育未来的可持续发展绘制蓝图。"而且提出了高等教育的六个变革方向，即公平和可持续地享有高等教育；为学生提供更全面的学习体验；推动跨学科、超学科的开放与交流；提供满足青年和成年人终身学习需求的途径；构建内容多样、方式灵活的综合学习体系；技术赋能高效的教、学和研究。难道是联合国教科文组织受到了我国的影响吗？我想第三次世界高等教育大会宣言中一定包括了对我国在内的全球高等教育的考量，毕竟我国是目前世界高等教育在学总人数规模最大的国家。不管我国的高等教育在多大程度上影响了世界高等教育，也不管是不是巧合，在第三次世界高等教育大会召开之前，我们提出了建设高质量教育体系的目标。单从时间点上看，可以说，我们的高等教育正在逐渐从追赶世界转向自主自觉地发展。

从1998年到2022年，20多年的时间里，不管内涵如何、程度如何，应该说，在思想观念上、在某些理念上、在质量意识上，我们的高等教育与世界高等教育几乎是同步的。

事实上，如果再往前追溯，不难发现，我国的高等教育发展到今天十分不易，用"历史性跨越"来总结概括今天的高等教育实不为过。1949年，我国仅有普通高等学校205所，到2020年6月30日，我国高等学校（未包含港澳台地区高等学校）共计3005所，其中：普通高等学校2740所，含本科院校1258所、高职（专科）院校1482所，成人高等学校就有265所。1949年，我国普通高等学校在校学生仅11.7万人，高等教育毛入学率仅为0.26%；2021年，中国高等教育毛入学率达57.8%、在校学生达4430万人,居世界第一位。70余年的时间里,我国高等教育从精英走向大众化再走向普及化,越来越多的家庭实现了大学生"零的突破"。不仅如此,通过"211工程""985工程"和"双一流"建设计划,我国一批大学和一大批学科已跻身世界先进水平,高等教育整体水平进入了世界第一方阵。

2021年,《纲要》提出了"建设高质量教育体系"的新目标新任务。面向2035年,我国高等教育将实现划时代的转折,同时许多前所未有的甚至出乎意料的挑战也将随之而来。比如,人才培养的人口僵化、过程虚化、出口异化问题,科研的数字化问题,许多高校至今没有走出"象牙塔"的问题,知识生产传播力不高的问题,文凭热的问题等。甚至还会遇到"黑天鹅事件""灰犀牛事件"。这些都需要我们尝试提出有效的预案和对策。

我们需要建立概念框架,解决高等教育高质量发展面临的问题,思考未来高等教育高质量发展过程中可能发生的事情,认识高等教育高质量发展的未来趋势。笔者期待提供概念严谨、连贯一致的内容,试图帮助读者洞察未来趋势,从多个侧面理解提升高等教育质量的对策。笔者认为,提升高等教育质量,实现高等教育高质量发展,既需要提升高等教育系统质量,也需要提升要素质量,尤其需要改革高等教育治理体系、提升高等教育治理能力。从根本上说,应重构高等教育哲学。由于本书涉及内容较广,要想全面深入探讨其中所有议题绝非易事,甚至可能不切实际。期待本书能够给决策部门或高等教育管理者以及高等教育研究者提供一点点参考。

  本书兼有些许理论思考和粗浅的学术探讨，对如何提升高等教育质量，以及实现高等教育高质量发展提出了几点拙见。全书共包括五个部分，力求全方位分析和阐述高等教育高质量发展的可能对策与未来格局：第一部分提出概念框架，为后面几章提供分析结构和基础；第二部分进入高等教育哲学层面，试图构建高等教育高质量发展的哲学基础，为高等教育高质量发展提供理论依据；第三部分进入系统质量层面，试图通过解决一系列系统问题，即体制机制问题，以提升高等教育质量；第四部分进入要素质量层面，试图通过提升高等教育不同要素的质量，达到提升高等教育质量的目的；第五部分主要分析高等教育治理体系和治理能力问题，试图通过改革治理体系和提升治理能力，以实现高等教育高质量发展。

第一章
概念框架

  2021年《纲要》对教育发展提出了"建设高质量教育体系"的时代要求。学界就此展开了广泛讨论，提出了许多建设性意见和建议。总体来看，这些意见和建议见仁见智，各有所长。就高等教育而言，笔者认为，实现高等教育高质量发展，即将高校建成高深知识之地，建成大批拔尖创新人才和"大国工匠"成长之地，建成以高深知识服务社会之地，至少应满足以下四个条件：其一，必须有适合我国国情的具有中国特色的高等教育哲学支撑；其二，必须有高质量的高等教育系统；其三，高校的各要素必须是高质量的；其四，必须有现代化高水平的治理体系和治理能力。

高等教育哲学

  高等教育哲学是对高等教育一般问题和根本问题的哲学思考。纵观世界高等教育史，凡是世界高等教育强国，其背后皆有系统的高等教育哲学思想作为支撑。高等教育哲学在一国成为高等教育强国过程中，具有十分重要的地位和作用。

第一章 概念框架

从英国来看，其之所以成为高等教育强国，是因为19世纪中后期约翰·亨利·纽曼的《大学的理想》中关于大学是什么、大学有哪些功能、大学的目的是什么，以及20世纪初期艾尔弗雷德·诺斯·怀特海的《教育的目的》中关于大学的使命、教育的节奏、教育的活力、普通教育与职业教育、学术自由等高等教育哲学思想，对其产生了深远影响。

从德国来看，其之所以成为高等教育强国，一定意义上得益于18世纪末19世纪初，康德、费希特、施莱尔马赫和洪堡、马克斯·韦伯等对高等教育，尤其是大学教育基本问题的系统思考。从18世纪末康德的《系科之争》《纯粹理性批判》《实践理性批判》《判断力批判》，到费希特的《论学者的使命》《知识学特征概论》《知识学原理下的伦理学体系》，再到洪堡的《论国家的作用》《柯尼斯堡学校计划》《关于柏林高等学术设施的内部与外部组织理念》，以及20世纪初期马克斯·韦伯的《社会科学方法论》《以学术为业》《大学的学术自由》等，这些高等教育哲学著作中的高等教育哲学理念，为德国成为世界高等教育强国提供了系统的理论和思想支撑。

同样，美国之所以成为高等教育强国，可以说，与其自19世纪初期以来产生的一系列高等教育哲学理论和思想是分不开的。从1828年《耶鲁报告》确定高等教育认识论哲学基础，到1851年亨利·塔潘的《大学教育》、1908年艾略特的《大学管理》、1916年杜威的《民主主义与教育》、1918年维布伦的《美国高等教育》、1930年弗莱克斯纳的《美国、英国与德国大学》，再到赫钦斯1936年的《美国高等教育》、

1943年的《为自由而教育》、1953年的《教育中的冲突》，再到1963年克拉克·科尔的《大学的功用》，以及1978年约翰·S.布鲁贝克的《高等教育哲学》、1986年德里克·博克的《走出象牙塔——现代大学的社会责任》、1990年欧内斯特·博耶的《学术反思：教授工作的重点领域》，乃至2008年德里克·博克的《回归大学之道》，正是这一系列高等教育思想家的专著中所蕴含的高等教育哲学思想，推动了美国成为世界高等教育强国，确保了美国至今仍稳居世界高等教育强国地位。

理论是行动的先导。恩格斯说过："一个民族想要站在科学的最高峰，就一刻也不能没有理论思维。"[1]注意，这里恩格斯讲的是"一刻也不能没有"。可见，理论思维有多么重要。同理，一个国家想要成为世界高等教育强国，也必须时刻有理论思维，必须有系统的高等教育哲学支撑。

高等教育哲学存在的问题，也许是当前我国高等教育之所以质量不高的根本原因。高等教育哲学是解决我国高等教育问题、提升高等教育质量、建设高等教育强国的指路明灯。

系统高质量

所谓系统高质量，也可以称为"全要素高质量"，或"体制机制高质量""宏观高质量"，主要指从系统的视角、全局的视角、宏观的视角，解决好事关高等教育全局的重大

---

[1] 中共中央马克思恩格斯列宁斯大林著作编译局编：《马克思恩格斯选集》（第3卷）（第2版），人民出版社1995年版，第467页。

事项、关键事项,以实现高等教育高质量发展的路径和方法。

在高等教育系统中,无论是作为国家的宏观系统,还是作为高校的微观系统,有些事关全局的事项必须优先考虑、优先改革。只有把这些需要改革的优先事项存在的问题解决好,才能实现提升高等教育质量的目标。否则,提升高等教育质量的程度一定是有限的甚至无效的。

比如,高等教育领域的拔尖创新人才培养问题。这不单单是高等学校自身的事情,涉及从幼儿教育到高等教育的整个教育系统,甚至家庭教育、社会教育对拔尖创新人才培养都具有重要影响。所以,这是一个系统工程。就像工业企业的生产线一样,其高质量不是取决于最后一道工序,需要产品设计、原材料采购、储备、后勤保障、销售、监管等系统的全链条的高质量,如此才能实现产品的最终高质量。拔尖创新人才培养也是如此。如果仅仅把注意力放在高校身上,仅仅抓高校改革,而不重视基础教育改革,那么,其效果一定会大打折扣。

再比如,产教融合。产教融合既是一种理念,也是一种实践。它是增强学生实际操作技能的关键环节,也是理论知识与实践知识相结合的有效组织形式。最近几年,政府十分重视产教融合,从中央到地方,出台了一系列政策文件。但是,实际上,整体而言,我们的产教融合做得不尽如人意。究其根本原因,就在于这是一个系统工程,需要系统性地加以考量。在国家层面,涉及教育部、人力资源和社会保障部、工业和信息化部,等等;在地方,涉及许多厅局;在基层,涉及企业、学校等不同利益相关者。就企业和高校而言,由于二者各自归属不同部门管理，由于管理职责不同、利益诉求不同，因此，实际上我国的产教融合运行并不十分顺畅，结果并不尽如人意。产教融合事关广大学生的实践实习，事关职业教育质量，若其运行不通畅、效果不佳，那么，整体人才培养质量便可想而知。

系统高质量主要针对宏观层面和影响全局的事项而言。其具有系统性、全局性、全面性、全要素性，以及全链条性和复杂性等特征。它是"集约式"高质量、多数的高质量、全国的高质量、普遍的高质量。由于系统高质量的复杂性，其效果具有缓慢性、非显著性；同时，也具有稳定性、长期性和持久性等特征。通过改造系统以提升和实现高质量，其难度在于要系统地设计和解决阻碍高等教育高质量发展的诸多问题。由于其程度重要，涉及面广，涉及领域多，涉及利益相关者多，因此，操作难度较大。而且，由于系统高质量具有"牵一发而动全身"的性质，所以，从中央到地方乃至学校的内部系统，对其进行改革往往都持十分慎重的态度，不敢贸然行事。比如高考改革、高等教育领域的去行政化改革等，皆如此。而恰恰是在这样一种思想的指导下，类似的事项得不到及时改进，导致许多问题在许多年之后依然是当年那些问题。于是，在下一轮改革中，不得不对这些问题进行重新思考、重新设计、重新决策、重新试验试点，一切从头再来。不仅浪费时间、浪费精力，也浪费人力物力财力。

从理论上讲，根据协同理论的伺服原理，当系统在接近不稳定点或临界点时，系统的动力学和突现结构通常由少数几个集体变量即序参量决定，而系统其他变量的行为则由这些序参量支配或规定。正如协同学的创始人哈肯所说,序参量以"雪崩"之势席卷整个系统,掌握全局,主宰系统演化的整个过程。他根据系统内部稳定因素和不稳定因素间的相互作用,描述了系统的自组织过程。其实质在于规定了临界点上系统的简化原则——"快速衰减组态被迫跟随于缓慢增长的组态"。用一句话来概括,即"快变量服从慢变量",序参量支配子系统行为。就高等教育高质量发展而言,这说明,不进行深层次的影响全局的体制机制改革,不进行牵一发而动全身的"慢变量"改革,仅仅依靠改革当下的几个要素,不可能很好地提升全系统的质量。

从实践上看,与要素高质量相比,系统高质量意义更重大。因为其涉及范围更大、涉及面更广,牵一发而动全身,事关高质量发展全局。其重大意义在于:通过对系统进行改造以提升质量,这种做法将导致影响全局的深远后果,其质量提升之后的受益者更多。当然,如果不对系统中事关全局的事项进行改革,那么,所取得的高质量一定是不充分的高质量、有限的高质量。因此,从这个意义上说,应该下大力气解决好宏观和微观系统中事关全局高质量的事项。唯其如此,才能实现稳定的更加长期的持久的高质量。

系统高质量,或全要素高质量、体制机制高质量,是要素高质量的前提。也就是说,要真正实现要素高质量,必须首先对系统进行改革,如此才能真正达到提升质量的目的。相反,如果不改革系统,不提升系统的质量,仅仅依靠提升单一的要素来提升整体质量,这种高质量不会长久,也不可持续。系统高质量问题是当前我国高等教育高质量发展的主要矛盾。

要素高质量

所谓要素高质量,也可以称为"微观高质量",是指通过改革与高等教育质量密切相关的要素,诸如理念、师资、经费、设备、管理、制度、评价等,实现高等教育高质量发展的路径和方法。

事实上,无论大中小学,乃至幼儿园,很多时候几乎都是通过改革要素来提升质量的。比如师资队伍。教师是确保高等教育高质量的根本要素。针对新知识新技术更新速度日益加快,或高等教育管理制度落后于时代等各种原因引起的高校教师队伍能力水平不足,甚至有些教师的"躺平"状态,通过采取线上线下培训、"师傅带徒弟"、出国学习、到其他高校挂职锻炼、绩效评价等途径和方法,不断提升专任教师的责任心和能力水平,进而达到提升高等教育质量的目的。

再比如,行政管理。就高等教育而言,针对行政权力过大,许多行政管理人员没有系统地接受过高等教育管理知识培训,以及非事业编制行政管理人员日益增多,其对所在高校的归属感、认同感不强等问题,通过采取培训、设计晋升渠道、与事业编制人员同工同酬等办法,提升高校行政队伍整体能力和水平,进而达到提升高等教育质量的目的。

通过提升要素质量进而提高高等教育质量,主要是针对高校的"突出短板"和"严重不足",或严重制约甚至阻碍高校发展之处而采取的举措。因此,其具有单一性、孤立性、非系统性等特点。从其效果来看，具有明显性，同时，也具有一定的局限性。要素高质量是有限的高质量、局部的高质量、少数的高质量。而且，由于其具有非系统性，可能会干扰或不利于其他要素发挥作用。因此，从整体看，通过单一要素改革以提升高等教育质量，可能不是一种最佳的选择。其实，许多时候许多高校通过单一要素寻求高质量的行动是一种无奈的选择。因为其无法等到整个高等教育系统改革完善之后再实施行动。尤其在当今"加速社会"时代，以及各高校之间的竞争日趋激烈的背景下，单一要素行动，"单兵突进"，显然更具有一定的合理性。

要素高质量具有重要意义。一是任何提升高等教育质量的改革举措，都要通过提升高校内部各要素的质量来实现。包括所有提升高等教育质量的政策、文件、改革举措，不管是国家层面的，还是高校层面的，最终都要通过高校内部的各要素来实现。正如有关研究指出的那样，任何教育改革举措最终都要通过师资队伍来实现。如果高校的专任教师或其他教职工对教育改革政策不理解、不赞同、不支持，甚至持反对意见，那么，高等教育改革必然无法取得成功。二是可以证明"孤岛思维"的片面性、局限性，甚至无效性。在过去，许多高等教育政策往往只是孤立地解决某一问题。在当时看来，的确解决了所发现的问题，但是，这一问题解决了，却有可能引发另一个问题。原因是改革不系统、不全面。于是，导致许多部门的许多工作人员不得不充当"消防员"角色，哪里失火就马上赶到哪里，忙得不可开交，效果也未必好。所以，从长远看，系统而不是孤立地解决问题，或许才是真正提高教育质量之道。

当然，这不等于说通过提高要素质量实现高等教育高质量不重要。从短期看，我们要解决好事关高等教育高质量发展的矛盾和矛盾的主要方面，依然需要提升教育的要素质量。这是"要素高质量"的题中应有之义。

要素高质量是实现系统高质量，或者全要素高质量、体制机制高质量的手段。当系统改革完成的时候，接下来的主要任务将是提升要素质量，此时可以通过提升要素质量大幅度提升系统的质量。要素高质量是当前我国高等教育高质量发展的次要矛盾。

治理体系和治理能力

纵观世界高等教育史，一国如果其高等教育达到了世界公认的高水平高质量，其治理体系和治理能力也一定是高水平高质量的，而不会是平庸的低水平的，甚至是杂乱无章的。在我国，无论是哪个领域，以往没有治理体系和治理能力的概念，基本都使用"管理"这一概念。2013年11月，十八届三中全会通过的《关于全面深化改革若干重大问题的决定》明确提出，全面深化改革的总目标是完善和发展中国特色社会主义制度，推进国家治理体系和治理能力现代化。这是首次提出"推进国家治理体系和治理能力现代化"的改革目标。自此之后，各领域逐渐开始研究本领域的治理体系和治理能力问题。

何谓国家治理体系和治理能力？国家治理体系和治理能

第一章 概念框架

力是一个国家制度和制度执行能力的集中体现。国家治理体系是在党领导下管理国家的制度体系,包括经济、政治、文化、社会、生态文明和党的建设等各领域体制机制、法律法规安排,也就是一整套紧密相连、相互协调的国家制度;国家治理能力则是运用国家制度管理社会各方面事务的能力,包括改革发展稳定、内政外交国防、治党治国治军等各个方面。国家治理体系和治理能力是一个有机整体,相辅相成,有了好的国家治理体系才能提高治理能力,提高了国家治理能力才能充分发挥国家治理体系的效能。[1]

为什么要提升国家治理体系和治理能力?习近平总书记在十八届三中全会第二次全体会议上指出:邓小平同志在1992年提出,再有30年的时间,我们才会在各方面形成一整套更加成熟更加定型的制度。这次全会在邓小平同志战略思想的基础上,提出要推进国家治理体系和治理能力现代化。这是完善和发展中国特色社会主义制度的必然要求,是实现社会主义现代化的应有之义。我们之所以决定这次三中全会研究全面深化改革问题,不是推进一个领域改革,也不是推进几个领域改革,而是推进所有领域改革,就是从国家治理体系和治理能力的总体角度考虑的。[2]

在我国高等教育领域,也是如此,也存在提升治理体系和治理能力的需求。众所周知,我国已经成为世界高等教育规模最大的国家,高等教育整体水平已经进入了世界第一方

---

[1] 许耀桐:"应提'国家治理现代化'",载《北京日报》2014年6月30日。
[2] 习近平:"切实把思想统一到党的十八届三中全会精神上来",载《人民日报》2014年1月1日。

阵。但是，我国还不是高等教育强国，与世界高等教育强国还存在一定的差距。究其根本原因，就在于治理体系和治理能力存在诸多问题。尤其是我国现代意义的高等教育属于"后发外生型"高等教育，不少高等教育制度是向国外借鉴来的，真正自己创造的符合中国实际的具有中国特色的高等教育制度还不够多、不够健全、不够完善。在此种情况下，维持高等教育正常运行已属不易，如果向高质量高等教育迈进，加快建设高等教育强国步伐，高等教育的治理体系和治理能力恐怕就会有"力不从心"之感，这是不争的事实。

2019年10月，党的十九届四中全会审议通过中共中央《关于坚持和完善中国特色社会主义制度　推进国家治理体系和治理能力现代化若干重大问题的决定》，系统总结了我国国家制度和国家治理体系的巨大成就和显著优势，深入回答了在我国国家制度和国家治理体系上应该"坚持和巩固什么、完善和发展什么"这个重大政治问题，深入阐释了支撑中国特色社会主义制度的根本制度、基本制度、重要制度，对新时代坚持和完善中国特色社会主义制度，推进国家治理体系和治理能力现代化作出了顶层设计和全面部署。这次全会系统梳理和集成升华了党和国家各方面的制度，描绘了坚持和完善中国特色社会主义制度的宏伟蓝图，为实现中华民族伟大复兴提供了坚强制度保障。全会明确提出了"坚持和完善中国特色社会主义制度，推进国家治理体系和治理能力现代化的总体目标：到我们党成立一百年时，在各方面制度更加成熟更加定型上取得明显成效；到二〇三五年，各方面制度更加完善，基本实现国家治理体系和治理能力现代化；

到新中国成立一百年时,全面实现国家治理体系和治理能力现代化,使中国特色社会主义制度更加巩固、优越性充分展现"。[1]

国家确立的治理体系、治理能力现代化目标,为高等教育治理体系和治理能力现代化指明了方向。可以说,加快推进高等教育治理体系和治理能力现代化,既是推动我国高等教育实现高质量发展和建设高等教育强国的需要,也是助力国家实现治理体系和治理能力现代化的需要。

---

[1] 本书编写组:《中国共产党简史》,人民出版社、中共党史出版社2021年版,第490~491页。

第二章
重审高等教育哲学

美国著名高等教育学者约翰·S. 布鲁贝克，在其所著《高等教育哲学》中指出，当一国高等教育发生危机时，"需要对高等教育的一些基本概念作一次痛苦的重新评估"。[1]百余年来，我国高等教育取得了举世瞩目的伟大成就。2019年，我国高等教育毛入学率达到51.6%，从高等教育大众化阶段正式进入世界公认的普及化阶段。根据教育部的说法，我国高等教育已经进入了世界高等教育第一方阵。但是，从总体看，我国还不是高等教育强国。为什么历经百余年的发展我国至今还不是高等教育强国？看来需要如布鲁贝克一样，从哲学视角对我国高等教育的"一些基本概念作一次痛苦的重新评估"，借以发现深层问题，寻找解决方案。因为，"教育实践中矛盾错综复杂之时，就是检验这些实践的理论之日"。[2]也只有从哲学视角，遵循思维的"第一性"原理，

---

[1] [美]约翰·S. 布鲁贝克：《高等教育哲学》，王承绪等译，浙江教育出版社1987年版，第2页。

[2] [美]约翰·S. 布鲁贝克：《高等教育哲学》（第3版），王承绪等译，浙江教育出版社2002年版，第2页。

即回归到高等教育的本源去思考基础性问题,才能找到高等教育高质量发展的路径。

锚定高深知识

大学是传播高深知识的地方,是学习高深知识的地方,是研究高深知识的地方。这是因为"每一个较大规模的现代社会,无论它的政治、经济或宗教制度是什么类型的,都需要建立一个机构来传递深奥的知识,分析、批判现存的知识,并探索新的学问领域。换言之,凡是需要人们进行理智分析、鉴别、阐述或关注的地方,那里就会有大学"。[1]虽然大学有人才培养、科学研究、社会服务三大职能,但大学终归离不开高深知识。如果离开了高深知识那就不是大学了。从这个意义上讲,高深知识是大学的逻辑起点,是大学的本质内涵,是大学的灵魂,是大学的本质属性,是大学区别于其他任何机构的特质。而且,大学的人才培养也必须是培养掌握高深知识的人才,而不是培养仅仅掌握一般知识的人才。或者说,大学应该在研究高深知识中培养人才,而不是在传授普通知识过程中培养人才。大学的社会服务,也必须是运用高深知识为社会服务,而不是运用一般知识为社会服务。因为,一般知识大众都了解、都掌握,如果用一般知识为社会服务,那是多此一举,无异于浪费资源。

看看我们的大学,其是否拥有了高深知识呢?众所周知,

---

[1] [美]约翰·S. 布鲁贝克:《高等教育哲学》(第3版),王承绪等译,浙江教育出版社2002年版,第13页。

诺贝尔奖旨在表彰在物理学、化学、和平、生理学或医学以及文学和经济学上"对人类作出最大贡献"的人士。这是世界公认的高深知识创新奖。我们看看世界上哪些大学获得了诺贝尔奖。据统计,1901年至2019年全球诺贝尔奖获得者(包括毕业生及职员)最多的30所大学,它们也是公认的世界一流大学。其中美国19所,占63.33%;英国4所,占13.34%;德国4所,占13.34%;法国1所,占3.33%;丹麦1所,占3.33%;瑞士1所,占3.33%(见表1)。反观我国的大学,百余年来,我们的诺贝尔奖获得者屈指可数。从诺贝尔奖获得者视角看,我们的大学在拥有高深知识方面,无疑是落后的。

表1 1901年至2019年全球诺贝尔奖获得者最多的30所大学[1](单位:人)

排名	大学	国家	总人次	物理学	化学	生理学或医学	经济学	文学	和平
1	哈佛大学	美国	162	34	38	42	32	8	8
2	剑桥大学	英国	120	36	31	30	15	5	3
3	加州大学伯克利分校	美国	109	33	31	17	24	3	1
4	芝加哥大学	美国	100	32	19	11	33	3	2
5	麻省理工学院	美国	97	33	17	12	34	0	1
6	哥伦比亚大学	美国	96	33	15	22	15	5	6

[1] "盘点全球诺贝尔奖得主最多的30所大学",载 https://baijiahao.baidu.com/s?id=1703529122934729987&wfr=spider&for=pc,2019年6月30日访问。

续表

排名	大学	国家	总人次	物理学	化学	生理学或医学	经济学	文学	和平
7	斯坦福大学	美国	86	26	13	16	28	2	1
8	加州理工学院	美国	75	29	17	22	6	0	1
9	牛津大学	英国	73	14	19	19	10	5	6
10	普林斯顿大学	美国	68	28	9	4	21	5	1
11	耶鲁大学	美国	63	8	11	14	22	5	3
12	康奈尔大学	美国	58	21	12	14	5	4	2
13	柏林洪堡大学	德国	55	14	21	12	1	4	3
14	巴黎大学	法国	51	15	9	10	4	6	7
15	哥廷根大学	德国	45	19	16	8	0	1	1
16	慕尼黑大学	德国	43	13	19	9	0	1	1
17	哥本哈根大学	丹麦	40	19	7	8	3	2	1
18	约翰·霍普金斯大学	美国	38	4	8	17	5	1	3
19	纽约大学	美国	35	3	4	12	14	2	0
20	洛克菲勒大学	美国	36	1	10	25	0	0	0
21	宾夕法尼亚大学	美国	35	4	10	10	11	0	0
22	伦敦大学学院	英国	34	5	7	19	2	1	0
23	苏黎世联邦理工学院	瑞士	32	11	17	4	0	0	0

续表

排名	大学	国家	总人次	物理学	化学	生理学或医学	经济学	文学	和平
24	伊利诺伊大学厄巴纳-香槟分校	美国	30	11	5	11	3	0	0
25	明尼苏达大学	美国	29	7	4	4	12	2	0
26	加州大学圣地亚哥分校	美国	28	5	9	10	3	0	1
27	海德堡大学	德国	27	11	8	5	0	1	2
28	曼彻斯特大学	英国	26	11	9	3	3	0	0
29	密歇根大学	美国	25	9	3	6	5	2	0
30	威斯康星大学麦迪逊分校	美国	25	5	7	10	2	1	0

如果说用诺贝尔奖评价一国大学是否具备高深知识太过片面，那么，我们用世界大学排名来看看我们的大学是否拥有高深知识。我们以上海交通大学的世界大学学术排名为例。软科世界大学学术排名是 2003 年由上海交通大学世界一流大学研究中心首次发布的全球大学排名。软科世界大学学术排名每年排名的全球大学超过 2500 所，发布最为领先的前 1000 所大学。根据 2022 年软科世界大学学术排名，我国进入世界前 100 名的大学共有 9 所，分别是清华大学、北京大学、浙江大学、上海交通大学、中国科学技术大学、复旦大学、中山大学、华中科技大学、香港大学。而美国有 38 所入榜前百，英国有 8 所入榜前百，仅比中国少 1 所。从软科世界大学学术排名的视角来看，我们的大学拥有高深知识的情

况落后于美国，仅仅与英国相当。当然，软科世界大学学术排名的评价只是数量上的排名，如果加上质量要素或者创新知识的重要程度，或许情况又会不一样。

上述可见，我们的大学在一定程度上拥有了高深知识，但是，我们的大学所拥有的高深知识距离世界高等教育强国还有一定的差距。如何创新高深知识，如何用高深知识培养学生，以及如何在创新高深知识过程中培养学生，如何用高深知识服务社会，这是我国高等教育必须解决的问题。否则，我们的高等教育就不能称为高质量的高等教育。高深知识是我们举办高质量高等教育必须面对且不能回避的重大课题，应引起高度重视。

事实上，我们看到，最近几年，国家十分重视高等教育人才培养，将高等教育人才培养提到了极高的地位。习近平总书记多次强调："我们对高等教育的需要比以往任何时候都更加迫切，对科学知识和卓越人才的渴求比以往任何时候都更加强烈。"重视人才培养，培养一代又一代接班人，各国皆如此，理所应当，必须如此。但是，需要教育行政部门和我们的高校引起注意的是，我们不能"为了人才培养而人才培养"，更不能空喊口号式地培养人才，一定要"内涵式"培养。什么是内涵式培养？就是在确保立德树人的前提下，依据高深知识进行培养、紧紧围绕高深知识进行培养、不脱离高深知识进行培养。对于研究型大学而言，一定要在研究高深学问中培养学生，而不是一味地灌输陈旧的过时的知识；对于其他类型的大学而言，一定要用高深知识培养人才，而不是用过时的一般的众人皆知的知识培养人才。社会服务也是如此，一定要用高深知识服务社会，而不是用普通的一般的众人皆知的知识服务社会。否则我们所谓的人才培养就是不符合大学发展规律的虚假的人才培养，所谓的社会服务就是不符合大学发展规律的虚假的社会服务。这样的人才培养和社会服务就是明目张胆地搞形式主义，劳民伤财。

重构高等教育哲学基础

布鲁贝克在《高等教育哲学》中提出，20世纪世界高等教育哲学存在着认识论和政治论两种基础。第一种高等教育哲学是认识论的。强调认识论的人，在他们的高等教育哲学中趋向于把以"闲逸的好奇"精神追求作为目的。[1]不过，与以往不同的是，随着时代的发展，"这种对知识的探究不仅是闲逸的好奇了，只有越来越精确的知识验证才能使人们得到满足。高深学问忠实于真理，不仅要求绝对忠实于客观事实，而且要尽力做到理论简洁、解释有力、概念文雅、逻辑严密"。[2]这说明大学对知识的探究在20世纪里发生了巨大变化，已不再局限于"闲逸的好奇"，而是逐渐从主观向客观事实转变，从验证缺失向知识验证转变。

布鲁贝克提出的第二种高等教育哲学是政治论的。人们探究深奥的知识不仅出于闲逸的好奇，而且还因为它对国家有深远影响。"如果没有学院和大学，那么，想理解我们复杂社

---

[1] [美] 约翰·S.布鲁贝克：《高等教育哲学》（第3版），王承绪等译，浙江教育出版社2002年版，第13页。
[2] [美] 约翰·S.布鲁贝克：《高等教育哲学》（第3版），王承绪等译，浙江教育出版社2002年版，第14页。

会的复杂问题就几乎是不能了，更不用说解决问题了。"[1]这说明大学在民族国家存在期间，对于民族国家而言不仅是必需的，而且是不可或缺的。

在美国，高等教育的两种哲学，即认识论和政治论哲学是交替在高等学府中占据统治地位的。在美国建国初期，高等教育所据以存在的合法依据主要是政治论的，他们把学院和大学看作是提供给牧师、教师、律师和医师的场所。随着约翰·霍普金斯大学的建立，高等教育开始主要以认识论作为合法存在的依据。[2]到19世纪末期，政治论和认识论哲学在美国的大学里并存。[3]从其存在的形式看，有的存在于不同学校，有的存在于同一所学校的不同院系里。到20世纪，大学越来越经常地被喻为"服务站"。不仅如此，在政府和企业的规划中，大学也名列前茅。[4]可见，大学不仅是认识论的，也是政治论的。而且，认识论和政治论存在于不同的大学之间，有时存在于一个大学的不同学院之间。从中也不难发现，20世纪美国大学形态的多元化和多样化。也许恰恰是这种多元化、多样化、百花齐放、百家争鸣，使美国的许多大学能够成为世界一流大学。

中国的情况如何呢？是不是也如美国的高等教育一样，

---

[1] [美]约翰·S.布鲁贝克：《高等教育哲学》（第3版），王承绪等译，浙江教育出版社2002年版，第15页。

[2] [美]约翰·S.布鲁贝克：《高等教育哲学》（第3版），王承绪等译，浙江教育出版社2002年版，第16页。

[3] [美]约翰·S.布鲁贝克：《高等教育哲学》（第3版），王承绪等译，浙江教育出版社2002年版，第16。

[4] [美]约翰·S.布鲁贝克：《高等教育哲学》（第3版），王承绪等译，浙江教育出版社2002年版，第17页。

两种哲学交替地起作用呢？从我国高等教育发展历史来看，自1898年诞生第一所以"大学"为称的高等学府——京师大学堂开始，总体而言，我国的高等教育哲学和美国的高等教育哲学基本一样，也是以政治论和认识论为基础的。高等教育政治论和认识论哲学存在于不同大学中，有的存在于同一所大学的不同学院中，有的甚至存在于一个学院的不同学历层次之间。但是，与美国高等教育认识论和政治论哲学基础交替在高等教育中占据主导地位不同的是，总体而言，我国高等教育政治论哲学基础始终占据主导地位。

19世纪末期，我国兴起现代意义的大学。和美国大学兴起时一样，这一时期的我国大学也是将政治论作为其存在的哲学基础的。如京师大学堂、北洋大学堂、南洋公学等，其办学目的都在于为维护封建地主阶级的统治培养人才。其中尤以京师大学堂最具有代表性。根据皇帝上谕和学部规定，京师大学堂的宗旨是："以中学为主，西学为辅，中学为体，西学为用；培养通才，以中君、尊孔、尚武、尚实诸端定其趋向。"[1]其政治论哲学基础，显而易见。

进入20世纪初期，随着辛亥革命的胜利，推翻了清王朝统治，结束了长达两千年的封建君主制度，建立了资产阶级政权，我国的高等教育也逐渐从以政治论为基础，转向政治论和认识论基础并存的时期。如1916年，蔡元培担任北京大学校长之后，按照西方大学模式，对北京大学进行了改革和整顿。一方面，他十分重视人才培养，通过加强课程建设，改学年制为选科制和学分制，以沟通文理，加强基础，提高

---

[1] 郝维谦、龙正中主编：《高等教育史》，海南出版社2000年版，第5页。

学生的学习兴趣和主动性；主张以美育代宗教，培养学生高尚的情操、审美能力和创造能力。[1]另一方面，他重视科学研究。他指出"大学者，研究高深学问者也"，[2]认定研究学问是大学的主旨。而且，通过办图书馆、创办北大学报、组建研究所、建设实验室、改善科研条件、邀请中外著名学者到北大讲学、鼓励成立各种科研团体等，在北大形成了浓厚的学术氛围。正如吕思勉在《蔡孑民论》中言："在他主持北京大学以前，全国的出版界几乎没有什么说得上研究两个字的。在民国八九年之间，北京大学的几种杂志一出，若干种书籍一经印行，而全国的风气为之幡然一变。从此以后，研究学术的人才渐有开口的余地，专门的高深的研究才不为众所讥评，而反为其所称道。这真是孑民先生不朽的功绩。"[3]此后，1929年，当时的国民政府颁布的《大学组织法》和《大学规程》规定："大学以研究高深学术、培养专门人才为目标。"[4]1929年秋，清华大学开办研究院，到1935年，共设立文科、理科、法科三个研究所，设10个学部，均招收一定数量的研究生。为了扩大国际学术交流，清华大学与德国等建立了互派研究生制度，设置科学讲座等。[5]上述可见，高等教育的政治论和认识论并存于大学之中，当时的高等教育是以政治论和认识论为共同基础的。

---

[1] 郝维谦、龙正中主编：《高等教育史》，海南出版社2000年版，第9页。

[2] 蔡元培："就任北京大学校长之演说"，载中国蔡元培研究会编：《蔡元培全集》（第3卷），浙江教育出版社1997年版，第8页。

[3] 王奇生：《中国留学生的历史轨迹（1872—1949）》，湖北教育出版社1992年版，第294页。

[4] 郝维谦、龙正中主编：《高等教育史》，海南出版社2000年版，第14页。

[5] 郝维谦、龙正中主编：《高等教育史》，海南出版社2000年版，第15页。

再比如，20世纪30年代由北京大学、清华大学、南开大学三校于1938年在昆明联合成立的西南联合大学（以下简称"西南联大"），也是集政治论和认识论哲学于一身。当时，西南联大既注重基础课教学，大多数知名教授亲自讲授共同必修课；同时，也十分注重选修课。选修课名目繁多，课外学术活动形式多样。学术研究和人才培养成绩斐然，在异常艰苦的9年时间里，培养出了包括诺贝尔奖获得者在内的大批杰出人才，成为中国高等教育史上的一个奇迹。据统计，从1938年至1946年，先后在西南联大就读的学生约8000人，毕业生约3800人。在他们中间，有1000多人先后成为国内外诸多领域知名度颇高的院士、高级教授和研究人员、高级工程师、高级记者和编辑、诗人、作家、总经理、高级法官和政府高级官员。在西南联大一些院系的毕业生中，有接近半数甚至超过半数的人在其后来的工作领域内有突出的贡献和很高的知名度。例如，算学系有毕业生70人，其中54人后来成为高级研究人员和大学教授。物理系共有毕业生130人，后来成为知名院士、教授、研究员、总工程师者达71人。[1]

为什么在最艰苦的条件下却能够取得令世人瞩目的骄人业绩？笔者认为，从根本上说，就在于把认识论与政治论哲学很好地结合在了一起。一方面，国难当头，激励师生以学报国；另一方面，当时的西南联大很好地继承了蔡元培"大学者，囊括大典网罗众家之学府也"，以及"循思想自由原则，取兼容并包主义""无论为何种学派，苟其言之成理，持

---

〔1〕 西南联合大学北京校友会编：《国立西南联合大学校史——一九三七至一九四六年的北大、清华、南开》，北京大学出版社1996年版，第2页。

之有故，尚不达自然淘汰之命运者，虽彼此相反，而悉听其自然发展"[1]的精神传统，师生享有充分的学术自由。正如梅贻琦先生所言："对于校局，则以为应追随蔡孑民先生兼容并包之态度，以克尽学术自由之使命。昔之所谓新旧，今之所谓左右，其在学校应均予以自由探讨之机会。此昔日北大之所以为北大，而将来清华之为清华，正应于此注意也。"[2]

新中国成立之初，我国高等教育的哲学基础主要是政治论的。具体表现是，对旧中国的高等教育进行接管、接收、接办和初步改造。对公立学校和接受外国津贴的学校进行接收，对私立学校进行接管和接办，使旧中国的高等教育从为帝国主义、封建主义、官僚资本主义服务，转变为为人民服务、为革命和建设服务，从半封建、半殖民地性质的教育转变为社会主义性质的教育。与此同时，为了培养新中国所急需的专门人才，创办了一所以苏联经验为样板的大学，即中国人民大学。其办学目的在于"有计划、有步骤地培养新国家的各种建设干部"[3]。改造了哈尔滨工业大学，其目的在于"仿效苏联工业大学的办法，培养重工业部门的工程师和国内大学的理工科师资"[4]。两所新大学的建立，政治论哲学意味不言而喻。

---

[1] 周川、黄旭主编：《百年之功——中国近代大学校长的教育家精神》，福建教育出版社1994年版，第83~85、88页。

[2] 刘述礼、黄延复编：《梅贻琦教育论著选》，人民教育出版社1993年版，第132页。

[3] 中央教育科学研究所编：《中华人民共和国教育大事记（1949—1982）》，教育科学出版社1984年版，第7页。

[4] 中央教育科学研究所编：《中华人民共和国教育大事记（1949—1982）》，教育科学出版社1984年版，第16页。

正如 1949 年 12 月教育部时任部长马叙伦在召开的第一次全国教育工作会议上所指出的那样："中国旧教育是帝国主义、封建主义和官僚资本主义统治下的产物，是旧政治旧经济的一种反映，和旧政治旧经济借以持续的一种工具。它提倡封建的、买办的、法西斯的思想，它是为帝国主义和封建买办的统治者服务的。现在随着帝国主义和封建买办的统治代替这种旧教育的应该是作为反映新的政治经济的新教育，作为巩固与发展人民民主专政的一种斗争工具的新教育。这种新教育就是新民主主义的，即民族的、科学的、大众的教育。"会议明确提出了教育工作的方针是"教育为国家建设服务"，这与美国的威尔逊在普林斯顿大学提出的"为国家服务的大学"十分相似。

进入 20 世纪 50 年代，高等教育社会主义建设服务的思想更加凸显。1956 年 5 月，高等教育部颁发《中华人民共和国高等学校章程草案》，规定高等学校的根本任务是适应国家的社会主义建设的需要，培养具有一定的马克思列宁主义水平、实际工作所必需的基本知识、掌握科学和技术的最新成就和理论联系实际的能力，并且身体健康、忠实于祖国、忠实于社会主义事业和随时保卫祖国的高级专门人才。1957 年 2 月，毛泽东在《关于正确处理人民内部矛盾的问题》一文中提出："我们的教育方针，应该使受教育者在德育、智育、体育几方面都得到发展，成为有社会主义觉悟的有文化劳动者。"[1]高等教育哲学的政治基础得到日益巩固。

改革开放以后，我国高等教育重新进入政治论与认识论

---

[1] 郝维谦、龙正中主编：《高等教育史》，海南出版社 2000 年版，第 121 页。

并存时期。主要表现是：一方面，20世纪60年代末高等教育遭到巨大破坏，人才培养脉络被撕裂，而经济社会发展却需要大量的人才。因此，抓紧培养人才，多出人才、快出人才是当时的当务之急。另一方面，基于危机意识，为了赶超发达国家，十分注重科学研究，并在以往建设重点大学的基础上，相继提出了"985、211"工程建设任务，不断加大教育经费投入，推动世界一流大学建设，推动高层次人才培养和高校科学研究，取得了较好的成效。

在人才培养方面，1995年"211工程"学校在校学生为本科生62.15万人，硕士研究生7.89万人，博士研究生2.19万人。2005年，在校学生为本科生157.95万人，硕士研究生48.58万人，博士研究生14.30万人。本科生和研究生的培养规模分别是1995年的2.54倍和6.23倍。十年来，累计毕业的本科生、硕士生、博士生和留学生的人数分别为242.17万人、50.62万人、11.69万人和11.27万人。[1]与此同时，从1999年到2007年，教育部共进行了9次"全国百篇优秀博士论文"评审，选出了884篇优秀博士论文，这些论文的作者和指导教师基本上都集中在"211工程"和"985工程"的高校以及中国科学院的研究生院。"985工程"的高校入选优秀博士论文每年都在50%至60%。在科学研究方面，在"211工程"和"985工程"的支持下，各学校开展学科前沿研究和承担国家重大科研项目的能力明显提高，取得了很多重大研究成果。在国家各部门和地方的科技进步

---

[1] "211工程"部际协调小组办公室编：《"211工程"发展报告（1995—2005）》，高等教育出版社2007年版，第15页。

奖获得者中,"211工程"高校也占了绝大多数。此外,在国际性学术期刊上发表论文排名靠前的基本上都是进入"211工程"和"985工程"的高校。

进入21世纪,随着知识经济和全球经济一体化时代的到来,强调为经济社会发展培养人才的呼声日渐高涨,尤其是强调协同创新,建设世界一流学科和一流大学的文件相继出台,高等教育再次进入以政治论哲学和认识论哲学基础为共同基础的时代。

上述可见,在我国,高等教育的政治论基础和认识论基础并存于高等教育之中,这与美国高等教育的哲学基础没有什么区别。从世界各国的情况看,也是如此。各国在不同历史时期,根据不同的国情,或突出以政治论为基础,或突出以认识论为基础,或二者并重。各种选择都是那个时代的需要,都具有客观性,无可厚非。

但所不同的是,自从我国兴起现代意义的大学以来,高等教育哲学的政治论基础从未中断过,认识论哲学基础却不同,它似乎处于一种时断时续、若隐若现的状态,有时甚至表面是有的,但实质是间断的。如果将二者占据主导地位的时间按照一定比例划分的话,政治论哲学基础占主导地位的时间比认识论占主导地位的时间可能要长得多,这恐怕是不争的事实。

综上所述,我国在对高等教育政治论的度的把握上还不成熟,还没有找到一个合适的度,还处在不断调试的过程之中。如何处理好认识论基础和政治论基础的关系,仍然是我国大学今后一段时期需要认真进行探讨的问题,可能还有一段很长的路要走。

警惕两种高等教育哲学

前述可见，高等教育存在的哲学基础有两个，一个是认识论的，一个是政治论的。认识论讲的是大学的存在是为了认识世界，政治论讲的是大学的存在是为了服务政府。从布鲁贝克提出高等教育哲学认识论基础和政治论基础的历史背景看，他是在总结20世纪70年代以前的世界高等教育，尤其是20世纪初至20世纪70年代美国高等教育的基础上提出的。尽管当今时代经济社会已经发生了巨大变化，但毋庸置疑，高等教育哲学的认识论基础和政治论基础仍然具有其合理性。

事实上，在我国，高等教育之所以存在，还有两种哲学基础：一个是"经济论"哲学基础，一个是"文凭论"哲学基础。这两种哲学基础都有其存在的合理性，但是，如果对其过度追求，过分投入精力，则必然导致高等教育偏离正确方向。因此，需要引起重视。

所谓"经济论"哲学基础，即高等教育是为了发展经济而存在的。当代高等教育之所以存在，部分是因经济而生、因经济而存在，原因如下：

第一，大学服务于经济发展为经济论提供了实践基础。"任何类型的大学都是遗传和环境的产物。"[1]事实上，高等

---

[1] [英]阿什比：《科技发达时代的大学教育》，滕大春、滕大生译，人民教育出版社1983年版，第47页。

教育哲学的经济论基础早已蕴含在 20 世纪的高等教育之中。始于美国威斯康星大学的大学直接为社会服务，不仅揭开了世界各国大学直接服务于经济社会发展的序幕，而且改写了世界高等教育史，使直接为经济发展服务成为继人才培养、科学研究之后高等教育的第三职能。时至今日，大学直接为经济发展服务愈演愈烈，美国以及欧洲等国家和地区相继出现了营利性大学，我国也开始着手研究营利性与非营利性民办高校问题，而且把整个国家的高等教育作为整体进行跨国教育输出的战略越来越受各国青睐，如美国、英国、澳大利亚等国家都制定了高等教育跨国输出战略。高等教育在以往直接为经济社会服务的基础上，业已成为一个重要的产业。据统计，"教育和培训服务位居美国在职服务出口的前五名之内，位居澳大利亚总出口的前十名之内"。[1]在英国，高等教育国际化甚至被简单地定义为："使英国成为国际上竞争力更强的贸易国，通过向顾客销售教育服务，使创汇最大化。"[2]在美国，"高等教育和培训作为产业既为国家提供信息服务，又为国际提供贸易洽谈，而产业利益的恰当兑现与教育和培训本身有重大的利害关系"。[3]在澳大利亚，随着《高等教育资金筹措法》《海外留学生教育服务法案》和《高等教育法》的相继颁布，20 世纪 50 年代以来的留学生免费

---

[1] [美] 马利杰克、凡·德·温得："国际化政策：关于新倾向和对照范式"，姚加惠译，载《国际高等教育研究》2003 年第 2 期。
[2] [美] 马利杰克、凡·德·温得："国际化政策：关于新倾向和对照范式"，姚加惠译，载《国际高等教育研究》2003 年第 2 期。
[3] [美] 马利杰克、凡·德·温得："国际化政策：关于新倾向和对照范式"，姚加惠译，载《国际高等教育研究》2003 年第 2 期。

政策，被"教育服务出口政策"所代替，形成了教育出口和高等教育国际化战略。美国、英国、澳大利亚等国不仅成为最受欢迎的海外学习国，而且也是当今世界上最有实力的跨国教育输出国。

高等教育直接为经济社会发展服务不仅早已成为大学的重要职能之一，而且随着经济全球化、高等教育国际化的逐步深化，高等教育为经济社会发展服务的范围、内容、方式等都发生了前所未有的深刻变化。这既是高等教育主动适应经济社会发展的结果，反过来，这种变化也为当代高等教育合法性生存奠定了坚实的基础。

第二，人力资本理论为经济论提供了理论支撑。西奥多·W. 舒尔茨最早系统地论述了人力资本理论。在1960年美国经济联合会的主席就职演讲中，舒尔茨抨击了古典资本理论，他把资本分为物质资本和人力资本两种形式，认为人力资本是通过对人力的投资而形成的资本，即人力资本可以看作对劳动者投资的一部分，这样可以提高劳动者在商品生产过程中的投入，增加劳动力的价值。对人力的投资包括用于教育训练的支出、卫生保健事业的费用、劳动力在国内流动的支出、用于移民入境的支出。[1]人力资本理论证明了人的知识和能力成了社会财富的根本源泉。此后，很多学者对人力资本理论进行了深入研究。根据丹尼森的研究，由知识进步带来的国民收入的增长率为0.58%，即由知识进步和教育年限增长对国民收入的增长率的贡献高达1.25%，占国民

---

[1] [美]西奥多·W. 舒尔茨：《人力资本投资——教育和研究的作用》，蒋斌、张蘅译，王璐校，商务印书馆1990年版，第55页。

收入增长率的 42.7%。[1]这表明国民收入的增长因素中,知识进步是非常重要的因素。

人力资本理论揭示了经济发展与教育的关系,尤其是经济发展与高等教育的关系,为高等教育哲学的经济论基础提供了理论支撑。它从根本上表明,高等教育是世界经济发展不可或缺的重要因素和支撑。

第三,知识经济和全球经济一体化使经济论成为必然。20 世纪 90 年代,经济合作与发展组织(OECD)发表的《以知识为基础的经济》报告首次提出了知识经济的概念。随着知识经济时代的到来,人力素质和技能成为实现知识经济的先决条件。经济发展与知识生产高度融合,知识已成为各种生产要素中起关键作用的因素。《以知识为基础的经济》报告中有数据显示,主要成员方 GDP 的 50%以上是以知识为基础的。[2]而高等教育作为高深知识的生产基地和高端人才的培养基地,自然而然地从经济社会边缘逐步走进经济社会的中心,在知识经济社会中发挥越来越重要的作用。

20 世纪 90 年代以来,世界各国纷纷通过缔结双边和多边国际协定,以降低、削减乃至最终完全消除要素国际流动的各种限制性措施,使得国际贸易和国际投资流量与存量均获得突飞猛进的增长。[3]这种现象被概括为"全球经济一体

---

[1] 惠宁、霍丽:"试论人力资本理论的形成及其发展",载《江西社会科学》2008 年第 3 期。

[2] 教育部社会科学研究与思想政治工作司组编:《自然辩证法概论》,高等教育出版社 2004 年版,第 295 页。

[3] 王桤伦:"全球经济一体化中的国际生产组织研究",浙江大学 2007 年博士学位论文,第 41 页。

化"。其间涌现出许多区域性经济组织,如欧洲联盟、北美自由贸易区、亚太经合组织、独联体经济联盟、澳新自由贸易、黑海经济合作区、安第斯集团、南部非洲发展共同体、上海合作组织等。在全球经济一体化趋势下,世界经济发生了前所未有的深刻变化。联合国贸易与发展会议《2006年世界投资报告》显示,仅以 FDI 流入量为例,1994 年至 1999 年,世界各国平均为 5481 亿美元;到 2002 年急剧扩大到 6177 亿美元;2005 年则在 2004 年增长 27% 的基础上又提高了 29%,达到 9163 亿美元,联合国贸易与发展会议所涵盖的 200 个经济体中有 126 个都提高到了前所未有的水平。[1] 为这种不同以往的新经济提供人才和智力支撑的,自然是世界各国的高等学府。

知识经济时代的到来以及全球经济一体化,使高等教育哲学的经济论基础日益凸显,并逐渐成为高等教育合法性存在的基础之一。这恰恰符合我国著名教育家潘懋元教授提出的"教育必须与社会发展相适应"[2] 的理论。当教育外部环境发生改变时,高等教育内部应该及时做出调整,以主动适应经济社会发展需要。知识经济、全球经济一体化极大地改变了高等教育的外部环境,这就要求高等教育必须主动与之相适应。可以说,知识经济和全球经济一体化对高等教育哲学经济论基础的产生起到了助推器作用。

至此,我们认为,高等教育哲学经济论基础的出现是一

---

[1] 王楷伦:"全球经济一体化中的国际生产组织研究",浙江大学 2007 年博士学位论文,第 41 页。

[2] 潘懋元:"教育的基本规律及其相互关系",载《高等教育研究》1988 年第 3 期。

种历史的必然。如果说过去的大学是为"闲逸的好奇"而生,为政治而生;那么,时至今日,它将同时为经济而生。今天的高等教育之所以存在和发展,很大一部分原因在于知识经济的需要、经济全球一体化的需要、本国经济发展的需要。而这也恰恰为大学直接为经济社会发展服务的职能找到了理论依据,填补了大学直接为经济社会发展服务在布鲁贝克的高等教育哲学里没有理论基础的空白。如果说20世纪认识论哲学与政治论哲学主导和支撑了整个世纪的高等教育;那么,当今乃至未来一段时期,经济论在高等教育哲学以及高等教育发展中必将占据越来越重要的地位,将扮演越来越重要的角色、发挥越来越重要的作用。因此,我们必须对高等教育哲学的经济论基础予以高度重视,唯其如此,我国高等教育才能在新一轮世界高等教育竞争中占据有利地位,为国家经济转型升级服务作出应有贡献。

在我国,自改革开放以来,进入"以经济建设为中心"的时代,大学的经济功能日益凸显。围绕经济发展需求设置专业,以就业为导向办学等理念日益成为许多大学心仪的办学理念。有的大学甚至直接开始经商,开办企业、破墙开店、老师下海等,热闹非凡。由于过度推崇"经济论"哲学,过分追求经济利益,其结果是,干扰了许多大学的正常教育教学秩序,导致许多大学偏离了育人的本质属性,偏离了大学的学术属性。时至今日,政府不得不出台一系列政策,纠正大学过度追求"经济论"哲学问题。未来时期,我国实现高等教育高质量发展,依然离不开"经济论"哲学基础,但是,如何在大学与经济之间建立适度的关系,这是我们必须认真思考的问题。

所谓"文凭论"哲学基础，即高等教育的存在是为了人们获得文凭。其含义是，大学办学在一定意义上就是为了发文凭，学生上大学就是为了获得文凭。在实际生活中，家长供学生上大学看中的是文凭，社会用人单位在用人时看的还是文凭。全社会都在追求高学历、高文凭，出现了文凭"拜物教"现象。正是在全社会盲目追求文凭的热潮推动下，有些大学不顾文凭的"含金量"，只管出售文凭。这导致许多学生甚至政府官员，不管是否学到真知识、真本领，只想尽一切办法弄到"好看"的文凭，弄到"有面子"的文凭。文凭超越了其"符号"意义、形式意义，成了大学存在的哲学基础。为什么会出现如此景象？究其原因，一是我国自古就有"学而优则仕"和"重学轻术"的文化传统；二是社会用人单位推波助澜，所用人才不管什么岗位，必须高学历、高文凭，而且最好是国外的文凭，至于是否有真才实学，似乎不那么重要；三是有关部门监督不力，对文凭虚假问题等采取了放任态度。

反观许多世界一流大学，其文凭就是人才培养程度或结果的表现形式。而且越是好的大学，其文凭的"含金量"越高。文凭中不仅蕴含着推动人类社会进步的理想信念，而且蕴含着改造人类社会的知识和智慧，蕴含着德智体美劳全面发展，蕴含着修养和自律，蕴含着诚信和善良，等等。学校和学生都不是为了一张"文凭"而存在，而是为了培养有人类情怀和掌握高深知识的学生而存在，为了认识和改造世界存在，为了服务人类社会而存在。这也恰恰是许多"野鸡大学"被痛斥的根本原因,同样也是"水文凭"遭到社会各界围追堵截的根本原因。

面对实现高质量的高等教育,我们要警惕"文凭论"导致高等教育哲学基础的"变种"或者"异化",应使大学的文凭回归大学初心,回归大学的本质。试想,如果我们一味地追求文凭,而不顾文凭的内涵,不顾文凭的"含金量",那么,我们的高等教育能实现高质量发展吗?因此,一方面,对于大学而言,应该勇敢地揭开"文凭"的神秘面纱,应该自我解剖,让文凭回归文凭的本质,回归文凭的真实面目,不断增强文凭的"含金量",让"假文凭"没有市场,让"虚夸"的文凭没有容身之地;另一方面,对用人单位而言,应完善用人制度,规范用人行为,使人尽其才,不唯文凭论。

坚持辩证唯物主义立场

2019年第1期《求是》杂志发表了习近平总书记的重要文章《辩证唯物主义是中国共产党人的世界观和方法论》。文章指出,辩证唯物主义是中国共产党人的世界观和方法论。我们党要团结带领人民实现"两个一百年"奋斗目标、实现中华民族伟大复兴的中国梦,必须不断接受马克思主义哲学智慧的滋养,更加自觉地坚持和运用辩证唯物主义世界观和方法论……增强辩证思维、战略思维能力,把各项工作做得更好。文章强调,要学习掌握世界统一于物质、物质决定意识的原理,坚持从客观实际出发制定政策、推动工作;学习掌握事物矛盾运动的基本原理,不断强化问题意识,积极面对和化解前进中遇到的矛盾；学习掌握唯物辩证法的根本方法，不断增强辩证思维能力，提高驾驭复杂局面、处理复杂问题的本领；学习掌握认识和实践辩证关系的原理，坚持实践第一的观点，不断推进实践基础上的理论创新。

但是，我们发现，在有限的高等教育哲学研究中，运用辩证唯物主义立场观点对我国高等教育进行系统性研究的文章或专著很少。有的只是不系统地零星地运用辩证唯物主义的观点对某个高等教育问题进行研究。反观布鲁贝克撰写的《高等教育哲学》，却通篇运用辩证唯物主义的观点，对世界高等教育发展过程中各种错综复杂的矛盾问题进行了深入系统的分析。比如高等教育认识论与政治论的矛盾、学术自治与政府管控的矛盾、学术中立与高等教育政治化的矛盾、学术自由与公民自由的矛盾、精英教育与大众化的矛盾、学生参与民主管理与教师的学术自由的矛盾、高等教育特权与人权的矛盾、自由教育与专业教育的矛盾、专业教育与普通教育的矛盾、职业教育与自由教育的矛盾、现代教育学方法与师生当面互动的矛盾、选修课与必修课的矛盾、理论学科与实践学科的矛盾、课程的适切性与学科固有体系的矛盾、学业成绩与实际能力的矛盾、学术研究与实际工作的矛盾、学术研究与接受捐赠的矛盾、学术研究与人才培养的矛盾、学者利益与集体利益的矛盾、学者利益与学生利益的矛盾、学术兼职与本职工作的矛盾、学术权力与行政权力的矛盾，等等。

不仅如此，在分析处理各种矛盾的过程中，布鲁贝克主张要辩证地看待和解决各种矛盾和问题，要把握好各种问题的"度"。布鲁贝克的《高等教育哲学》可以说是一部解决高等教育各种错综复杂矛盾问题的经典之作,甚至可以说是一部解决高等教育矛盾问题的艺术佳作,它不仅对美国高等教育具有重大指导意义,对世界高等教育也同样具有不可或缺的意义和价值。

布鲁贝克,一个不以辩证唯物主义为指导思想的人,居然对辩证唯物主义方法运用得如此娴熟。而我们作为以辩证唯物主义为指导思想,且系统地学习过辩证唯物主义立场观点和方法的人,却没有很好地运用这些方法去研究分析解决我们的高等教育问题,的确需要认真加以反思。未来时期,如何运用辩证唯物主义的立场观点和方法,系统地而不是零散地对我国高等教育进行研究分析,是我们实现高等教育高质量发展必须认真对待的事情。

认识高深知识生产传播规律

根据马克思主义理论,人类进行物质生活资料的生产既要同自然界发生关系,人们之间也要发生一定的社会关系,这就构成了生产力和生产关系,二者辩证统一于生产方式。生产力最终决定生产方式的存在、发展和变革;生产关系则直接规定生产力的性质。生产力和生产关系的矛盾运动构成了生产关系一定要适应生产力状况的规律。

生产力和生产关系是生产方式这个矛盾统一体中的对立双方。它们之间既对立又统一,相互依存、相互作用,有着不可分割的内在联系。其中,生产力是矛盾的主要方面,对生产关系起着决定作用。首先,生产力的状况决定生产关系的性质。生产力是生产关系形成的前提和基础。生产关系是适应生产力发展的要求建立起来的,是生产力的发展形式,它的性质必须适应生产力的状况。有什么样的生产力,最终就会有什么样的生产关系。其次,生产力的发展决定生产关系的发展和变革。生产力是生产方式中最活跃、最革命的因素,经常处于变化和发展之中。与生产力相比较,生产关系则更具有相对稳定性,一种生产关系一经产生,就在一定的历史时期内保持相对稳定的形式。但是,生产关系也不是固定不变的。随着生产力的发展,生产关系在相对稳定中也会发生部分的、某些方面的重要变化。当生产力发展到一定阶段,原来的生产关系再也容纳不下它的发展时,就会引起生产关系的根本变革,使旧的生产关系为新的生产关系所代替。一方面,生产力决定生产关系。另一方面,生产关系对生产力有重大的反作用,它会起到束缚或解放生产力的作用,起到阻碍或发展生产力的作用。当生产关系与生产力的发展要求相适应时,它会有力地推动生产力的发展;当生产关系与生产力的发展要求不相适应时,它会阻碍甚至破坏生产力的发展。生产关系对生产力的反作用,有时会十分突出。例如,当生产关系由生产力的发展形式变成生产力的桎梏时,生产关系的变革对生产力的发展,就具有决定性的意义。不过,即使在这种状况下,生产关系仍然是由生产力所决定的,因为生产关系之所以要变革,归根到底还是由生产力发展的要求决定的。不论在何种情况下,生产关系反作用的发挥,都是以适应一定的生产力状况为前提的,都是建立在生产力决定作用的基础之上的。

  我们发现，生产力与生产关系规律也同样适用于高等教育领域。在高等教育领域，高深知识的生产和传播，也存在着高深知识生产传播力与高深知识生产传播关系的规律。高深知识生产传播力与高深知识生产传播关系，二者是高校高深知识生产传播方式这个矛盾统一体中的对立双方。它们之间既对立又统一，相互依存、相互作用，有着不可分割的内在联系。其中，高深知识生产传播力是矛盾的主要方面，对高深知识生产传播关系起着决定作用。有什么样的高深知识生产传播力，最终就会有什么样的高深知识生产传播关系。比如，在现代意义的高等教育初生之时，仅有少数人能够生产传播高深知识，当时的手段、场所十分简陋，所以那时候大学的知识生产传播采取的是一种学术报告式的组织形式，师师关系和师生关系是一种不稳定的、松散的关系。随着高深知识生产传播力的提升，场所相对固定，师师关系与师生关系也进入了相对稳定状态，进入了师徒时期，高深知识生产和传播逐步摆脱了不稳定和比较随意的状态。再后来，出现了实验室，出现了班级，高深知识生产传播力提升到了一个新的高度。于是，大学里面有了专职的行政人员，有了专职负责生产高深知识的研究人员，有了专职的实验人员，有了专职的传授高深知识的人员——教师，也有了专职的知识管理人员——图书管理人员。人们围绕高深知识生产传播，形成了新的知识生产传播关系。当代，信息技术、数字化高度发达，大学里面的高深知识生产传播力达到了新的高度。于是，高深知识生产传播关系也发生了新的变化。比如，出现了虚拟教室、网络传播、虚拟实验室等。知识获得途径日益增多，师生之间的关系越来越平等，师道尊严这种严格等级关系发生了新的微妙的变化。

与此同时，高深知识生产传播关系也会反作用于高深知识生产传播力，甚至阻碍高深知识生产传播力的发展。比如，在信息技术高度发达的今天，越来越多的学校希望教师运用现代信息技术授课，或者在线授课，以满足学生需求，提升高等教育的效率和质量。但是，对于很多年长的教师而言，其接受新技术的速度比较慢，他们中的很多人不喜欢使用新的教育教学技术。这样就难免出现教与学的矛盾，导致高深知识传播关系紧张，进而影响高深知识传播。为此，需要我们适应新的高深知识生产传播力的发展，对原有的师师关系和师生关系进行调整。如果不及时进行调整，可能就会降低高深知识生产传播力。

构建中国特色高等教育哲学

2016年5月，习近平总书记在哲学社会科学工作座谈会上指出："一个没有发达的自然科学的国家不可能走在世界前列，一个没有繁荣的哲学社会科学的国家也不可能走在世界前列。"要"加快构建中国特色哲学社会科学"。2022年4月25日，习近平总书记在中国人民大学考察时再次强调，要"加快构建中国特色哲学社会科学"。就我国高等教育事业而言，面对建设高等教育强国重任，必须改变长期以来依靠别国高等教育理论办中国高等教育的局面，加快建构中国特色高等教育哲学，办好中国特色高等教育。

高等教育哲学是对高等教育一般问题和根本问题的哲学思考。中国特色高等教育哲学就是在高等教育哲学的指导思想、学科体系、学术体系和话语体系等方面充分体现中国特色、中国风格、中国气派。中国特色高等教育哲学，对于回答好"为谁培养人、培养什么人、如何培养人"这些最根本的问题、引领我国高等教育走出一条中国特色的新路，以及加快推进我国高等教育强国建设，至关重要。

自20世纪80年代以来，我国学者对中国特色高等教育哲学进行了积极研究和探索。总体来看，我国学者对中国特色高等教育哲学的研究大致可以划分为三个阶段，即引进阶段、积极探索阶段、自主创新阶段。

第一阶段，引进阶段。20世纪80年代，翻译出版了美国著名高等教育学者约翰·S.布鲁贝克的《高等教育哲学》，揭开了我国高等教育哲学研究的序幕。第二阶段，积极探索阶段。20世纪90年代中期，我国兴起了研究高等教育哲学的热潮，部分高校的教师以及高等教育学专业的博士研究生和硕士研究生，对布鲁贝克在《高等教育哲学》中提出的高等教育基本问题进行了深入研究和探讨，撰写发表了一系列学术论文，有力推动了我国高等教育哲学研究。通过"知网"，以"高等教育哲学"为题名进行搜索发现，自1995年6月至2022年7月，以"高等教育哲学"为题名的学术论文已达到238篇。第三阶段，自主创新阶段。21世纪以来，少数学者开始探索构建中国特色高等教育哲学体系。自2006年以来，共有5位学者撰写出版了5部高等教育哲学专著，开启了探索构建中国特色高等教育哲学体系的新征程。

如何加快构建中国特色高等教育哲学呢？构建中国特色高等教育哲学是一个系统工程，应加强顶层设计，统筹各方面力量协同推进。

第一，重视高等教育哲学研究。习近平总书记指出，一个没有发达的自然科学的国家不可能走在世界前列，一个没有繁荣的哲学社会科学的国家也不可能走在世界前列。同理，一个没有繁荣的高等教育哲学的国家，一个没有系统的高等教育理论支撑和引领的国家，其高等教育也不可能走在世界前列。各级教育行政部门和高等教育研究机构，以及广大高等教育研究者和工作者，要认真学习深刻领会习近平总书记关于加快构建中国特色哲学社会科学的重要指示精神，认真学习深刻领会习近平总书记关于教育的一系列重要论述，进一步提高对加快构建中国特色高等教育哲学重要性、必要性和紧迫性的认识，切实重视中国特色高等教育哲学研究，为加快构建中国特色高等教育哲学奠定良好的思想认识基础。

第二，加快学术组织制度建设。专门的学术组织机构、专门的学术期刊，以及一支数量充足的专兼职研究队伍，是确保一个学科形成与发展的基础。我国高等教育哲学研究起步较晚，不仅缺乏专门的学术组织机构、专门的学术期刊，也缺乏一支专门研究高等教育哲学的研究队伍。要加快建立全国性的专门的高等教育哲学研究机构，或在中国高等教育学会内部建立高等教育哲学分会；要加快设立专门研究高等教育哲学的学术期刊，加快组建一支政治素质过硬、理论基础扎实、创新能力强的研究队伍；要加大经费投入力度和科研评价制度改革，为深入开展中国特色高等教育哲学研究、加快构建中国特色高等教育哲学奠定坚实的组织制度基础。

第三，强化有组织的科研。有组织的科研是多出科研成果、快出科研成果、出好科研成果的有效科研组织形式，是当今世界科研领域的重要趋势和主要特征。从我国以往的高等教育哲学研究来看，多为学者个体的自发的研究，缺乏有组织的团队研究。加快构建中国特色的高等教育哲学，要加强有组织的科研。国家和各省科研管理部门，要设立和发布有关中国特色高等教育哲学研究的专题，组织全国高水平学者和优秀团队开展研究。各高校要加强高等教育哲学科研平台建设，建立一批高等教育哲学研究平台，深化高等教育哲学研究。要创新体制机制，采取揭榜挂帅、公开招标等方式，推动中国特色高等教育哲学研究，不断提升中国特色高等教育哲学研究的质量和水平，为加快构建中国特色高等教育哲学奠定坚实的学术基础。

第四，加大原始创新力度。高等教育哲学有没有中国特色，归根到底要看有没有原创性。只有以我国的高等教育实际为研究起点，提出具有中国特色的贯通中外的新概念、新范畴、新表达，构建具有中国特色的学科体系、学术体系、话语体系，我国的高等教育哲学才能形成自己的特色和优势。要以中国为观照、以时代为观照，立足中国实际，解决中国问题，不断提出符合中国实际的管用的高等教育新思想新理论。要加强对改革开放以来我国高等教育实践经验的系统总结，提炼出有学理性的新理论，概括出有规律性的新实践。要扎根中国大地，深入高等教育实际，深入高校一线，积极开展调查研究，掌握第一手材料，发现新问题、提出新观点。要系统性研究解决纷繁复杂的高等教育问题，尤其是要在事关高等教育全局性、根本性、关键性问题的研究上下功夫，深入探究我国高等教育的本质和规律，构建属于中国自己的高等教育知识体系和高等教育理论体系，为加快构建中国特色高等教育哲学体系奠定坚实的知识和理论基础。

恩格斯曾经指出："一个民族要想站在科学的最高峰，就一刻也不能没有理论思维。"这是一个需要理论而且一定能够产生理论的时代，这是一个需要思想而且一定能够产生思想的时代。我们要进一步增强责任感、使命感和紧迫感，积极采取各种有效措施，加强高等教育理论创新，加快构建中国特色高等教育哲学，为把我国建设成为高等教育强国提供强有力的理论支撑。

第三章
提升系统质量

  系统和宏观的体制机制具有全局性。系统改革、宏观的体制机制改革，牵一发而动全身，十分重要。实践证明，高等教育有些改革不到位、效果不佳，原因不仅仅在于高校自身，更多的在于高等教育宏观体制机制有问题。由于系统有问题，宏观的体制机制有问题，高等教育质量不尽如人意。因此，要真正提升高等教育质量，实现长期可持续的高质量发展，应该对系统进行改革、对宏观的体制机制进行改革。

从基础教育抓起

  2021年《纲要》提出，要"建设高质量教育体系"。值得注意的是，这里提出的是构建"高质量教育体系"。说明什么？说明我们的教育体系还不是高质量的教育体系。因此，未来五年乃至更长久的时间，要着手建设高质量的教育体系。对于高等教育而言，这无疑是一个巨大福音。

  众所周知，高等教育高质量发展，离不开基础教育的高质量。俗话讲，"基础不牢，地动山摇"。如果基础教育这一基础打好了、扎实了,那么,就意味着高等教育拥有好的生源,也就意味着高等教育有可能达到高质量。从小学到本科毕业,共 16 年时间,其中 12 年是在小学、初中和高中度过的,而且这 12 年恰恰是一个人的世界观、人生观、价值观的形成时期。如果这 12 年的基础打不好,仅仅靠后面的 1/4 时间,即使大学和学生再努力,恐怕也只能改变大学之前的学习和生活习惯,要在短短的大学四年中培养学生的创新能力,并非易事。这里我们也可以将不顾中小学基础,只想靠大学的 1/4 时间培养出拔尖创新人才的现象称为"四分之一"现象,或"四分之一"困境。

那么,我国基础教育的质量究竟如何?2020 年 12 月 10 日,教育部在北京举办了教育 2020 "收官"系列的第四场新闻发布会,有关领导介绍了"十三五"以来基础教育改革发展的有关情况。据介绍,"十三五"以来,历史性地解决了"有学上"问题,向"上好学"迈进;办学条件大幅改善,基础教育进入提质新阶段;综合改革取得重要进展,热点难点实现新突破。基础教育坚持以培养能够担当民族复兴大任的时代新人为崇高使命,以推进公平发展、质量提升为中心任务,改革取得历史性突破、发展呈现格局性变化,整体水平迈入世界中上行列,人民群众教育幸福感、获得感不断增强。[1]

还有一项国际测试,即国际学生评估项目测试,也可以反映我国基础教育的质量。2019 年 12 月,经济合作与发展组

---

[1] 王家源、赵秀红:"'十三五'基教整体水平迈入世界中上行列",载《中国教育报》2020 年 12 月 11 日。

织（OECD）公布了2018年国际学生评估项目（PISA2018）测试结果。测试结果显示，在79个参测国家（地区）对15岁学生的抽样测试中，我国四省市（北京、上海、江苏、浙江）作为一个整体取得全部三项科目（阅读、数学、科学）参测国家（地区）第一的好成绩。我国四省市学生基本素养达标率为参测国家（地区）第一，高水平学生数量总数居于前列。其中，在基本素养达标率方面，我国四省市学生在阅读、数学和科学上的能力表现达到基础水平及以上的比例分别为94.8%、97.6%和97.9%，在参测国家（地区）中均排名第一。在单项素养高水平学生总数方面，参测国家（地区）数学素养达到高水平的学生，21.7%来自我国四省市，排名第一；参测国家（地区）阅读素养达到高水平的学生，13.4%来自我国四省市，排名第二；参测国家（地区）科学素养达到高水平的学生，22.3%来自我国四省市，排名第二。在综合素养高水平学生总数方面，该评估项目将三个领域素养表现均达到高水平的学生定义为全面发展的学生。我国四省市全面发展学生占参测国家（地区）全面发展学生的比例为25.2%，排名第一。[1]但是，测试结果也表明，我国学生学习时间较长。四省市学生平均校内课堂学习时间为每周31.8小时，按照学习时间长短排序，在参测国家（地区）中排第四位。在单项学习时间方面，我国四省市学生在阅读、数学和科学上的平均学习时间分别为每周4.6小时、每周

---

[1] 邹硕："PISA2018测试结果正式发布 中国3项科目全部位居第一"，载https://baijiahao.baidu.com/s?id=1651968218556313378&wfr=spider&for=pc，2019年12月4日访问。

5.0 小时、每周 5.5 小时,在参测国家(地区)中分别排第七位、第八位和第三位。在三项总学习时间方面,我国四省市学生在阅读、数学、科学上的学习时间较长,三项课时占总课时数的 47.6%,在参测国家(地区)中排第 17 位。此外,学生总体学习效率不高,学生幸福感偏低。我国四省市学生的阅读、数学和科学的学习效率分别为每小时 119.8 分、每小时 118.0 分、每小时 107.7 分,在参测国家(地区)中排名靠后,分列第 44 位、第 46 位、第 54 位。我国四省市学生的学校归属感指数为-0.19,满意度平均分为 6.64 分,在参测国家(地区)中分别排第 51 位和第 61 位。[1]

上述可见,我国基础教育质量已经处于世界中上行列,甚至个别之处已经走在世界前列,对此我们感到无比自豪。从理论上讲,如此高质量的基础教育,到大学阶段出现几个诺贝尔奖得主应该是顺理成章的事情。但是,令人费解的是,百余年来,我们的大学竟然鲜有人获得诺贝尔奖。在人们的心目中,无人获得诺贝尔奖,则意味着大学创新高深知识的能力还不足。对此,有学者认为,我国的基础教育属于"应试教育",是"应试教育"扼杀了中小学生的好奇心,是"应试教育"扼杀了中小学生的创新力。在小学教育到本科教育的 16 年中,前面 3/4 的时间几乎一味地背诵标准答案(当然,最近几年小学教育有所好转),而不注重培养学生的创新能力,不注重保护学生的好奇心。尤其是初中和高中,

---

〔1〕邹硕:"PISA2018 测试结果正式发布 中国 3 项科目全部位居第一",载 https://baijiahao.baidu.com/s?id=1651968218556313378&wfr=spider&for=pc,2019 年 12 月 4 日访问。

为了应试,更是如此。此种背景下,在 18 岁之前,学生的世界观和人生观基本形成,仅仅靠大学四年就想把学生培养成拔尖人才,谈何容易。

如前所述,高等教育的本质内涵在于高深知识,高水平大学以高深知识论英雄,谁拥有高深知识,谁就是世界上最好的大学。从这一视角看,我国的基础教育应该在保持以往优势的基础上逐步加大培养学生创新素质的力度,这可能是改变我国高等教育创新力不足、培养不出拔尖创新人才的重要途径。当然,这必然会涉及高考改革等一系列改革。最近几年上海、浙江等地的高考改革试验证明,高考改革异常艰难。但是,如果不改革,高等教育培养不出拔尖创新人才的问题恐怕永远无法破解。因此,从高等教育视角,从培养拔尖创新人才的视角来看,"应试教育"改革势在必行。我们必须从基础教育抓起,突破"四分之一"现象,打破"四分之一"困境,这是高等教育高质量发展必须破解的一道难题,是高等教育高质量发展必须跨过的一道坎。

当然,就基础教育而言,如何使我们的学生德智体美劳全面发展,既知音乐,又懂美术,且体质健康,而不仅仅是"智育独大",这也是基础教育需要深入思考的问题。还有近视率不断上升、肥胖症、抑郁症、校园霸凌等问题,这些都需要基础教育加以改进,给出令人满意的答复。不过这不是本书的重点。

其实,如果条件允许的情况下,最好从家庭教育开始、从幼儿阶段开始就对孩子们进行全面的启蒙教育。当然,如果在大学期间开设家庭课程、育儿课程,对大学生们进行如何育儿的教育,那是再理想不过的了。这样对于许多毕业即成家并生育子女的他们来说,无疑是一份难得的厚礼。此举对于改变整个国家的国民素质,无疑也将十分有益。我们欣喜地看到,国家已经出台了《家庭教育促进法》[1],但要想落实好这部法律,恐怕还需要时间。

改革普职比1∶1

近几年,"普职分流"问题引起了社会各界的广泛关注,也引起了许多家长和初中生的焦虑。

1996年颁布的《职业教育法》第二章职业教育体系第12条规定:国家根据不同地区的经济发展水平和教育普及程度,实施以初中后为重点的不同阶段的教育分流,建立、健全职业学校教育与职业培训并举,并与其他教育相互沟通、协调发展的职业教育体系。此后,教育部办公厅《关于做好2014年高中阶段学校招生工作的通知》明确提出:"要将应届初中毕业生有序分流到普通高中和中等职业学校,原则上要按50%的比例引导应届初中毕业生向中等职业学校分流。"教育部办公厅《关于做好2021年中等职业学校招生工作的通知》也提出:"职普比例较低的地区要重点扩大中等职业教育资源,要提高中等职业教育招生比例。"

为什么许多家长不愿意让自己的孩子升入职高?一是职

---

[1]《家庭教育促进法》,即《中华人民共和国家庭教育促进法》。为表述方便,本书中涉及我国法律,直接使用简称,省去"中华人民共和国"字样,全书统一,后不赘述。

业教育毕业生社会地位不高；二是进入职业教育系统，上升渠道窄。尽管国家出台了"专升本"政策，设立了职业技术大学，但是由于这些渠道和体系不够完善，所以许多初中生还是不愿意到职高就读。

2021年《职业教育法（修订草案）》对"普职分流"作出了明确的规定：国家根据不同地区的经济发展水平和教育普及程度，在义务教育后的不同阶段实施职业教育与普通教育分类发展，优化教育结构，科学配置教育资源。可见，依然坚持分流。征求意见后，最终版本中，修改为"国家优化教育结构，科学配置教育资源，在义务教育后的不同阶段因地制宜、统筹推进职业教育与普通教育协调发展"。其实还是坚持要分流。

笔者以为，应取消普职分流。原因是：其一，随着生产力水平的提高，我国经济社会发展已经不需要大批中专毕业的职业教育学生，就业已经不是职高和职业中专的主要任务，职业中专和职高的就业功能已经终结。其二，初中毕业时学生的年龄才十五六岁，处于这一年龄段的孩子正值青春期，"三观"还没有完全形成，许多学生还不知道学习对他们一生的重大意义和价值，还不知道如何选择自己的人生道路。在现有的普职教育制度框架下，将初中生人为地分流到职高，一定意义上等于"放弃了"这些学生。

笔者以为，我们可以借鉴澳大利亚的做法，在初中阶段加入职业教育课程，供喜欢的学生选择，然后在高中阶段实施分流。此时学生"三观"基本形成，基本具备了自我选择能力，基本知道自己擅长什么、不擅长什么。擅长动脑的，可以选择进入普通高校搞科研；擅长动手的，可以选择进入职业技术学校搞技术。当然，前提是，职业教育毕业生与普通高校毕业生毕业后的社会地位基本差不多，而且，职业教育的上升通道是通顺的，而不是"断头"的。

处理好中大衔接关系

高中教育与大学教育如何有效衔接，是一个世界性难题。处理得好，则人才培养全盘皆活；处理不好，则会严重影响高等教育人才培养质量。随着我国高等教育进入普及化阶段，绝大部分高中毕业生都有上大学的机会。如何处理好高中教育与大学教育的衔接关系，已成为十分重要的课题。

研究发现，我国高中教育和大学教育衔接不畅，主要表现在学习目标不衔接、课堂呈现的知识形态不衔接、学习方式不衔接等。高中的学习目标是高考，大学的目标是完成本科教育阶段所规定的学业要求，是创新；高中课堂呈现的知识形态是"标准化"的知识，为了高考得高分，大学课堂呈现的知识形态是"非标准化"的，很多时候是可以讨论的；高中的学习方式是老师领学、家长督学，大学几乎完全靠学生自学，需要学生具有很强的自律能力，而且需要学生能够互相讨论交流。正是由于高中和大学的目标、呈现的知识形态、学习方式不同，因此，许多高中生升入大学之后几乎普遍感到非常不适应。更有甚者，出现了心理问题，不得不休学甚至退学。

正如石中英指出的那样："当前高中教育和大学教育的关系，正如两个圆，外相切而不相交，相切点就是高考，两个圆内,各自关注的内容都没有超过这个相切点。"他说,如果按照这样的思路发展下去,就会导致很多问题,比如在高中阶段出现"高考论英雄"式的高中质量外部评价标准、"高考状元"情结,进而导致高中教育目标的窄化;在大学也会出现"抢生源"、学生进入大学后缺乏专业兴趣、对大学专业学习生活不适应、发展后劲不足等现象。〔1〕

面对高中与大学的衔接问题,许多学者和高中管理者提出了不少好的建议。如有学者建议,改革高考"单一评价"的方式,关注学生在高中的学业成就,把学生的成绩、经历、成就等表现纳入高校的综合评价体系中。并举例说明,澳大利亚维多利亚省学生报考高校的综合评价成绩中,高中阶段的多次成绩要在大学录取的综合评价中占到高达50%的比重。还有的学者建议,用一个共同使命将中学教育与大学教育贯通联结起来,说日本就是如此。进入21世纪以来,日本在中学阶段启动了旨在培养未来能够在全球范围内领军的科研人才的培养项目,包括邀请大学教授到中学来讲课,允许高中生到大学听课,允许高中生接触大学的尖端科研项目等。美国、英国也纷纷在中学阶段开设双学分课程、IB课程、I—level课程等"准大学课程",不是以知识传授为主,而是以问题提出、发现和资料分析为主,侧重对学生批判性思维的培养和小组合作意识的培养。并在过程中实现中学与大学之间的教师交流与相互兼职授课。〔2〕东北师范大学附属中学

---

〔1〕 赵婀娜:"如何处理好高中教育与大学教育的衔接",载《人民日报》2013年4月25日。

〔2〕 赵婀娜:"如何处理好高中教育与大学教育的衔接",载《人民日报》2013年4月25日。

校长邵志豪认为,中学与大学衔接须回归育人本质,需要在现有综合素质衔接、课程衔接和育人环境衔接实践经验的基础上,帮助学生建立起超越知识、适应复杂环境变化的价值信念支持系统、实践能力支持系统和知识结构支持系统,使之最终成为具有终身学习能力和可持续发展力的人。[1]具体而言,他认为,应推动知识体系衔接向素养体系衔接转变,重视内容体系衔接向教学体系衔接转变。其一,强化教学情境设计,增加体验环节,让学生在更加真实的情境中体悟知识、能力和品德。其二,强化实践在课堂教学中的融入,增强学生实践能力和解决生活中实际问题的能力。其三,强化教学互动,促进师生之间的教学相长、学生之间的共同发展。

与此同时,有些大学为了推动高中教育与大学教育衔接,纷纷开设了"大学先修课"。如北京大学宣布将与中学合作试点开设"中国大学先修课程",供高二学有余力的学生选修,并组织统一考试,成绩将作为大学自主选拔的重要依据。北京大学招生负责人宣布,若条件成熟,对成绩特别优秀的学生,经大学相关学科审核认定,入学者可减免其相应的大学课程学分,免修相应课程。

但是,总体来看,高中教育与大学教育如何衔接的问题,至今依然没有得到很好的解决,寻找高中与大学之间"无缝对接"的突破口,确保高等教育高质量发展,不仅是高中教育要思考的问题,也是大学教育需要思考的课题,更是政府

---

〔1〕 邵志豪:"高中与大学衔接须回归育人本质",载《中国教育报》2022年3月30日。

需要思考的课题。

优先事项：本科高校分类

优先事项，即指那些事关高等教育全局的重大事项。这些事项因其具有全局性，牵一发而动全身，因此必须优先考虑，优先改革，否则将严重制约甚至阻碍高等教育高质量发展。

优先事项有时是高等教育的主要矛盾。从系统论的视角看，社会是一个复杂系统。因此，治理社会千头万绪，涉及诸多事项。究竟应该从哪里抓起，对每一位管理者而言都是一次考验。一般来说，许多管理者会使用矛盾分析法，分析哪些是主要矛盾，哪些是次要矛盾。抓住了主要矛盾，在处理具体事情过程中，就不会手忙脚乱，就不会"老虎吃天无从下口"，就会有序完成既定目标任务。这就涉及办事的程序问题，也就是优先事项问题。只有把优先事项先解决好，才能使高等教育有序发展，才能确保高等教育质量提升。

高校分类就是我国当前高等教育发展的优先事项和第一要务。众所周知，所谓高校分类就是根据社会需求和高校自身实际，对高等学校进行分门别类的管理的做法。分类的目的在于使各高校各安其位、各负其责，进而分工明确、协调一致地服务一个国家和地区各领域的发展。因为社会需求是多样化的，因此，对高校进行分类是必然的。没有哪个国家的高校是不分类的，也没有哪个国家的高校都是一种类型。

第三章　提升系统质量

联合国教科文组织有世界教育的总体分类，各国也都有自己的高等教育分类。分类是办好高等教育和提升高等教育质量的前提，是一个国家高等教育改革的优先事项。一个国家的高等教育要想办出水平，要想实现高质量发展，就必须首先对其高等教育进行分类。试想，如果全国的高等教育分类不清，其结果必然导致每一所高校的职责不清。如果学校的职责不清，就会导致人才培养目标不清、教学改革目标不清、科研目标不清。而且，伴随其中的必然是巨大的人力、财力、物力浪费。如果高校不分类，国家提倡的"金课""金师"就不知道是研究型大学的"金课""金师"，还是其他大学的"金课""金师"。而且，如果不分类或者分类不清，广大教师和学生越努力方向越错，越努力浪费资源越多。所以，必须把分类放在第一位，优先予以解决。

世界各国都十分重视高等教育分类。以美国为例，其高等教育分类特别细。根据2018版卡内基分类标准，高等教育包含博士学位大学、硕士学位院校、学士学位学院等8大类、33个组（见表2）。其中，博士学位大学下设3组、硕士学位院校下设3组、学士学位学院下设2组、学士/副学士学院下设2组、副学士学院下设9组、两年制专门行业院校下设4组、四年制专门行业院校下设9组、为印第安人设立的部落学院无分组。[1]

---

[1] 王铭、王名扬、陈琼："2018版卡内基分类对我国高校分类框架构建的启示与借鉴"，载《高教探索》2021年第6期。

表 2 卡内基 2018 版基础分类框架内容[1]

	分类	标准	分组	内涵	适用性
1	博士学位大学	授予 20 个学术学位或 30 个专业学位博士	研究 1 型、2 型	科研支出 500 万美元以上，根据统计分析再分组	可用
			博士/专业学位	科研支出较少，或主要授予专业学位	可用
2	硕士学位院校	授予少于 20 个博士学位，但至少 50 个硕士学位	大型	至少授予 200 个学位	分类可用 分组待定
			中型	授予 100 个至 199 个学位	
			小型	授予 50 个至 99 个学位	
3	学士学位学院	授予学士学位比例超过所有授予学位的 50%，且授予硕士学位少于 50 个	通识教育	至少半数本科生选修专业为通识教育	分类可用 分组不可用
			专业教育	至少半数本科生选修专业为专业教育	
4	学士/副学士学院	至少一个学士学位专业，且授予副学士学位 50% 以下	混合学士/副学士	授予 10% 或以上学士学位，90% 或以下副学士学位	可用、待考察
			副学士为主	至少 90% 副学士学位	
5	副学士学院	授予最高学位为副学士学位	以转学为目的	选修人文科学等通识教育专业、毕业后转入大学三年级的学生，70% 以上为高转学	不可用
			以职业技术为目的	选修获职业资质专业的学生，大于 50% 为高职技能，30% 至 49% 之间为混合	
			传统型	攻读学位、秋季入学	可用、待考察
			非传统型	不攻读学位、非秋季入学	

[1] 王铭、王名扬、陈琼："2018 版卡内基分类对我国高校分类框架构建的启示与借鉴"，载《高教探索》2021 年第 6 期。

续表

	分类	标准	分组	内涵	适用性
6	四年制专门行业院校	立足本科或研究生层次，聚集一个或一系列相关学科领域	9类行业院校	仅在一个学科领域授予至少75%的学位，在一个学科领域授予70%至74%的学位，其余在不超过2个其他领域授予；在一个学科领域授予60%至69%的学位，其余在不超过1个其他领域授予	可用
7	两年制专门行业院校	立足副学士层次，聚集一个或一系列相关学科领域	4类行业院校	同上	可用
8	部落学院	专为印第安人提供高等教育的机构	部落学院	——	不可用

英国、德国、法国、澳大利亚、日本等，也都是如此，各国的高等教育都有明确的分类。正是由于分类清楚，各学校分工明确，每一类高校都了解自己的发展方向，都了解自己的目标，都了解自己的使命和责任。因此，每类学校都会一心一意地想着如何把自己的学校办好，而不是朝三暮四、朝秦暮楚，总想着如何"升格"。

反观我国的高校，多年来，分类问题一直没有得到高度重视，一直没有得到很好的解决。截至2020年底，在1270所本科院校中，有137所"双一流"高校，其余1133所本科院校属于"非双一流"高校。在1133所"非双一流"高校中，有357所是向应用技术大学型转型的试点高校，有21所是职业本科试点高校，其余755所本科高校为政府过去分类的单科院校（包括没有明确分类的高校）。

与此同时，通过查阅各高校的官网发现，在1270所本科高校中，各高校自我定类60余种。其中，研究型大学83所；教学研究型大学24所；教学型大学9所；综合性大学145所；多学科大学89所；多科性大学88所；多学科协调发展大学55所；应用型大学290所；没有标明类型的高校357所（见表3），包括师范类、医学类、单科性大学、部分民办高校等。此外，有些高校的类型定位表述比较模糊，无法判断其类型，如"转型发展试点本科高校""中央与地方共建、以地方管理为主的特色骨干高校""高水平特色骨干大学""应用基础型人才培养特色名校"等。

表3　高校自我划分类型[1]

类型名称	数量（所）
研究型大学	83
教学研究型大学	24
教学型大学	9
综合性大学	145
多学科大学	89
多科性大学	88
多学科协调发展大学	55
应用型大学	290
其他	487
合计	1270

[1]　数据来源：根据各高校官网公布的高校概况整理形成。

总体看，截至 2020 年底，我国本科高校自我定类达 60 余种。就定类名称而言，比较混乱。有些高校盲目追求"高大上"，其自我定类既不符合学校自身发展实际，也不符合经济社会发展需求。有些实力明显不足的地方高校自我定类为"研究型大学"。有些高校自我定类随意性较大，如有些独立学院甚至也自我定类为"研究型大学"。尤其值得注意的是，有 357 所本科高校定类模糊或没有准确的定类，占本科高校总数的 28.1%，接近总数的 1/3。

与此同时，定类与办学脱节。无论是定类模糊，还是定类准确，高校基本有定类。从理论上说，有什么样的定类，就应该有什么样的办学行为。但是，从许多高校包括有些"双一流"高校的办学实际来看，几乎普遍存在着学校定类与实际办学行为名实不符的问题。有些高校定类为"应用型大学"，但其"产教融合"和"双师队伍"却严重不足；有些高校定类为"研究型大学"，但其科研经费、科研项目却严重短缺。许多学校的定类徒有其名，其学科专业设置、师资队伍建设、内部治理机制等大都与定类不符，其办学质量可想而知。

我国高等教育为什么会出现分类不清的问题？究其根本原因在于：一是过去教育行政部门对高等教育分类重视不够；二是当今教育行政部门开始重视高等教育分类，但是，行动迟缓，延误了分类。比如，2014 年 5 月国务院颁发的《关于加快发展现代职业教育的决定》提出："采取试点推动、示范引领等方式，引导一批普通本科高等学校向应用技术类型高等学校转型，重点举办本科职业教育。" 2017 年 1 月，教育部《关于"十三五"时期高等学校设置工作的意见》提出：以人才培养定位为基础，我国高等教育总体上可分为研究型、应用型和职业技能型三大类型。但时至今日，政府主管部门一直没有出台相应的高校分类设置标准，无论哪种类型的高校，依然依据一个标准来设置。这无疑不利于各高校的分类发展。

值得欣喜的是，2021年《纲要》在高等教育部分第一句话讲的就是要对高等教育进行分类管理。这说明政府已经意识到我国高等教育分类出现了问题，带来了诸多弊端和危害，因此提出要对高等教育进行分类管理。

笔者认为，未来时期，其一，要加快出台各类高校设置标准，依据教育部《关于"十三五"时期高等学校设置工作的意见》，我国高等教育总体上分为研究型、应用型和职业技能型三大类型。这些分类不仅与联合国教科文组织2011年版高等教育分类标准相符，也切合我国经济社会发展和高等教育实际。建议教育行政部门加快出台《应用型高校设置标准》，改变现有以一个标准设置不同类型高校的局面，加快推进一批普通高校向应用型高校转型，推进职业本科高校从源头开始健康发展，进而推进所有高校按类高质量发展。其二，加快促成各本科高校归类。根据教育部的三种分类，按照"政策引导，自主选择"的原则，教育行政部门可以通过约谈、协商、制定归类进度表等方式，积极引导所有本科高校，尤其是357所定类模糊或没有准确定类的高校尽快归类。或归入研究型大学，或归入应用型大学，或归入本科职业大学。尽快改善一些高校定类模糊不清的局面，使其按类有序健康发展，避免造成更多的高等教育资源浪费。其三，加快实施高校分类评价。2021年1月教育部出台的《普通高等学校本科教育教学审核评估实施方案（2021—2025年）》提出，将对本科高校实行两类四种评估。有关部门应充分利用新一轮评估契机，把高校定类作为基础性指标纳入评估指标体系，加强对各高校定类与实际办学行为评估，增强评估的诊断、反馈与绩效评价功能，引导高校科学定类，切实根治定类与办学实际不符的问题，确保各高校定类与办学实际名实相符。

重中之重：打通堵点

一般来说，高水平的高校都有能力用自己的高深知识培养出大批拔尖创新人才和"大国工匠"。但是，为什么我国会出现"钱学森之问"？为什么我们的高校培养不出大批拔尖创新人才和"大国工匠"呢？究其原因，可能是多方面的。可能有基础教育不到位的原因，有师资队伍水平不高的原因，或许还有治理体系和治理能力水平不高的原因，从更深层次看可能还有传统文化的影响。不过，笔者认为，上述原因都不是根本原因，根本原因在于职业院校的学生毕业后待遇和社会地位低。这导致许多家长都不希望自己的孩子就读职业院校，许多高中生也不情愿就读职业院校。于是，就出现了"一边倒"的现象，即几乎所有的高中生都想就读普通高校，不想就读职业院校。这便导致了高考"千军万马过独木桥"的现象。一边是普通高校拥挤不堪，另一边是职业院校"门可罗雀"。所以,笔者认为,职业院校毕业生待遇和社会地位低是我国高等教育的"堵点"。正是这个"堵点"导致高考"千军万马过独木桥"的现象,也正是因为这个"堵点"导致我国高等教育系统循环不畅,还是因为这个"堵点"导致我们既培养不出大批拔尖创新人才,也培养不出大批"大国工匠"。

试想,如果普通高校与职业院校的毕业生待遇和社会地位大体相当,那么,还会有那么多高中生纷纷去争抢普通高校的学位吗?还会有那么多高中生明知自己动手能力强却偏偏选择普通高校吗?如果普通高校与职业院校的毕业生待遇和社会地位大体相当,一定是学生自己喜欢哪类高校就去就读哪类高校。擅长动手的,选择职业院校,将来成为"大国工匠";擅长动脑的,选择普通高校,将来成为科学家。这样既解决了我国拔尖创新人才缺乏的问题,也解决了"大国工匠"匮乏的问题,可谓两全其美。

其实,德国和澳大利亚基本就是这样。其普通高校和职业院校毕业的学生,毕业后的待遇和社会地位大体相当,甚至职业技术院校毕业生待遇比普通院校的还好。比如,在德国,技工工资高于全国平均工资,技校毕业生的工资几乎普遍比大学毕业生的工资高,大学毕业生白领的平均年薪在 30 000 欧元,而技工的平均年薪则是 35 000 欧元,不少行业的技工工资远远高于普通公务员,甚至高过大学教授。[1]还有一种计算方法,学生接受义务教育后,也就是 16 岁左右时,如果

---

〔1〕"'工匠精神'不要空喊,应尊重技工,工资不再与学历挂钩!",载 http://news.sohu.com/a/506161546_ 121124567,2021 年 12 月 5 日访问。

选择"双元制"职业教育,便可以有津贴收入,19岁时可以拿到正式收入。如果继续读普通高中,再一路读到硕士,则是在26岁至27岁时才有收入,而且收入只比技术工人高20%至30%,"硕士学历的学生,可能到50岁,在总收入上才能追平'双元制'职教生"。在德国人看来,每个人所做的事情不过是分工不同而已,无论是政治家、教育家、企业家、工程师还是技工,他们仅仅是职业之别,不存在尊卑贵贱。德国前总统赫尔佐格曾说:"为保持经济竞争力,德国需要的不是更多博士,而是更多技师。"这里所说的技师,指的是支撑"德国制造"的技能型人才。所以,在德国,年轻人并不全把读大学作为学习目标。约六成的学生会在初中毕业时选择接受职业教育。[1]

再比如澳大利亚,格拉坦研究所(Grattan Institute)的一份报告显示,在澳大利亚,一部分接受职业教育的毕业生收入会比普通大学毕业生更高。报告表示,对于入学分数较低的男性而言,工程、建筑和商业类职业技能带来的收入会更高。[2]另外,2017年5月,澳洲技术基金会(Skilling Australia Foundation,SAF)一份名为《未来经济的关键在于职业教育》(VET sector key tofuture proofing economy)的报告指出,职业教育毕业生的薪资与普通高校毕业生持平,甚至超过了普通高校毕业生。职业教育和培训毕业生全职收入的中位数是56 000美元,完成学士学位的学生的平均工资是54 000

---

〔1〕 张春雷、苏雁、刘已粲:"德国职业教育:'双元制'模式为主体 毕业生极具竞争力",载《光明日报》2021年10月18日。
〔2〕 王思涵、刘雪:"报告:过去5年澳大利亚职校生减少4成,部分工资高于大学毕业生",载《南方都市报》2019年8月27日。

美元。职业教育和培训毕业生也有能力获得比许多学士学位毕业生更高的薪水；职业教育和培训资质的最高平均起薪（危险领域的 IV 级证书——电气为 854 006 美元）高于学士学位的最高起薪（牙科为 800 007 美元）。[1]

反观我国，职业院校和普通院校毕业生毕业后的待遇和社会地位是不同的。普通高校毕业生有的会进政府机关，有的会进事业单位（当然，这和用人单位的规定有关），工资待遇高，社会福利有保障，社会地位高；而对于大部分职业院校毕业生而言，其毕业后基本进入行业企业，其工作环境不一定好，薪酬待遇不如普通高校毕业生。社会地位虽然是个不太好量化的东西，但是，众所周知，每个人都能感受到职业院校毕业生的社会地位大都没有普通高校毕业生高。理论上讲，"劳心者"要受"劳力者"的供养，没有"劳力者"，"劳心者"的衣食住行谁来解决？可是，这些直接创造物质财富的人却得不到应有的待遇和地位，得不到应有的尊重。长此以往，整个社会的物质资源何来？因此，我国高等教育要实现高质量发展，必须解决两类高等教育毕业生毕业后待遇和社会地位相差悬殊的问题。如此，才能使中学生根据自己的兴趣和特长选择相应的高校，我们的高校才能培养出大批拔尖创新人才和大批"大国工匠"。

值得欣喜的是，2018 年 3 月，中共中央办公厅、国务院办公厅颁布了《关于提高技术工人待遇的意见》。该意见提出，要创新技能导向的激励机制，进一步鼓励辛勤劳动、诚

---

[1] Skilling Australia Foundation, "Perceptions Are Not Reality: myths, realities & the critical role of vocational education & training in Australia", https://saf.org.au/.

实劳动、创造性劳动，增强生产服务一线岗位对劳动者的吸引力，建设知识型、技能型、创新型劳动者大军，营造劳动光荣的社会风尚和精益求精的敬业风气。要加强政策引导，着力改变技术工人社会地位偏低现状，促进广大技术工人爱岗敬业；坚持长期稳定支持，不断营造良好社会氛围，让全体技术工人焕发劳动热情，释放创造潜能，创造更加美好的生活。国家政策已经出台，期待能够尽快落实。果如此，则我国高等教育高质量发展的堵点就打通了，就会形成高质量良性循环发展局面。

落实标准

标准是质量的前提基础，没有标准就没有质量可言。学校标准、学科标准、专业标准、课程标准、师资标准、经费标准、学生标准，有了这些标准才会有质量。进一步讲，没有高标准就没有高质量。高等教育高质量发展，高标准十分重要。高标准是一个历史过程，这一点不难理解。

从高等教育实践看，建标准是一个系统工程，是一件不容易的事情。因为，标准不能太高，太高了不符合实际，无法实现，容易打击人们的积极性；太低了，很容易实现，容易养一批懒汉。因此，标准适度很重要。

就高水平大学而言，谁生产的高深知识多，换言之，谁获得诺贝尔奖多，谁就是好大学。这基本是世界公认的标准。与此同时，谁培养治国理政能人多，谁也是好大学。2011年，教育部出台了《普通高等学校本科教学工作合格评估指标体系》，对本科教学工作进行合格评估；2018 年，教育部出台了《普通高等学校本科专业类教学质量国家标准》，针对本科高校的 1049 门专业基础课和 3676 门专业核心课，制定了教材及参考书目的建设与选用规范，鼓励高校选用规划教材、精品教材等优秀教材；2021 年，教育部又出台了《普通高等学校本科教育教学审核评估指标体系（2021—2025年）》，旨在推进高校分类评价，改进本科教育教学评估，推动提高本科人才培养质量。

就高等职业教育而言，其高质量则在于其培养出的人才能够不断满足各行各业的需求。最近几年，教育部也推出了高等职业教育的系列教学标准。截至 2011 年 11 月底，46 个高职教指委制定出第一批共计 592 个专业教学标准。2021年，教育部公布了《高等职业学校种子生产与经营专业教学标准》等 347 项高等职业学校专业教学标准。新一轮教学标准体现以学生为中心的教学理念，注重激发学生的学习兴趣，形成了良好的课堂生态。

上述标准，对于提升我国高等教育质量，无疑十分有益。但是，笔者通过调研也发现，各地在执行标准上还不够严格，有些学校没有对标准予以足够重视，在教学过程中依然按照以往的模式进行教学；而另一些学校，则因为与企业联系不紧密，企业积极性不高，导致无法实现教学标准；有的则是因为办学经费不足，导致无法达到教学标准。对此，澳大利亚的做法可能值得我们借鉴。20 世纪 90 年代以来，澳大利亚持续开展了职业教育"标准化运动"。经过近 30 年的努力，逐步建立了"国家培训框架体系（National Training

Framework，NTF）"，涵盖澳大利亚资格框架（Australian Qualification Framework，AQF）及培训包（TrainingPackage，TP）两部分内容。而且，为了确保职业教育质量，2011年7月1日，澳大利业建立了"澳大利亚技能质量局"（Australian Skills Quality Authority），主要负责监管澳大利亚所有提供职业教育与培训的学院或机构，监管领域主要涉及教学大纲、教学质量、学生管理等，以确保课程与培训提供者达到全国一致的质量标准。[1]这套专门的组织机构和运行机制，确保了澳大利亚职业教育质量的提升。

综上所述，笔者认为，我国高等教育从以往的无标准，到今天的逐步有标准，的确发生了巨大变化。但是，由于我们处在标准化运行的初级阶段，因此，在向高质量进军的路上，标准建设无疑还有许多工作要做。

改革师范教育

百年大计，教育为本；教育大计，教师为本。没有优秀的教师，就不会有高质量的教育。从我国各级各类教育的教师来源看，多数教师来源于师范教育。师范教育有其优势，但是，也有其不足之处。最大的问题是，其所培养的学生由于学科交叉不足，创新能力不足，走上工作岗位之后，欠缺一定的创新能力。因此，一段时期以来，许多学者呼吁取消师范教育，改成综合大学培养教师。笔者赞成这一观点。因

----

[1] 陈玥、李洋："新世纪以来澳大利亚职业教育'标准化运动'：背景、演变及特征"，载《职业技术教育》2013年第28期。

为无论从理论上，还是从实践上看，由综合大学培养师资都有其合理性。

从理论上来讲，大学的功能是生产传授高深知识。因此，只有具有高深知识并具有创新高深知识能力的人，才能培养出同样的人。而未来的教师要具备创新能力，要在综合大学受过严格的科研训练，充分感受综合大学的学术氛围和受过综合大学的学术熏陶，而这些是以培养教育教学技术为专长的师范教育所无法给予的。

从实践上看，美国教师教育从师范教育到综合大学培养师资对我国具有启发意义。美国师范教育于19世纪初叶崭露头角，在100多年的发展过程中，随着社会政治、经济和文化的变迁，先后经历了主要以师范学校、师范学院和综合大学教育院（系）培养教师的三个时期：师范学校时期（19世纪20年代至19世纪末）、师范学院时期（19世纪末至20世纪50年代）、大学教育院（系）时期（20世纪50年代至今）。据20世纪60年代统计，师范学院仅培养全部中小学教师的20%，私立高等学校培养的师资占32%，公立高等学校培养的师资占48%。[1]而且，笔者还发现，20世纪50年代以来，美国的教师教育逐渐层次上移至硕士研究生和博士研究生，其课程层次逐渐强调学术性（见表4）。

---

[1] 马国义："美国师范教育发展历史给我们的启示"，载《张家口师专学报》2001年第1期。

表4　组织层次转型[1]

时间	学校层次	学历层次	学校类型	课程层次
19世纪20年代至19世纪末	师范学校	主流学校生活边缘之外	州立、县立、独立师范学校	低层次的职业学校、中学水平（体育、工业、艺术、商业等）
19世纪末至20世纪50年代	师范学院	学士学位	公立私立	四年制课程、引进范围广泛的选修课程、以实用主义观点开设新课程
20世纪50年代至今	大学、文理学院、多科性学院	硕士、博士学位	公立私立	强调学术教育、五年制课程和硕士课程、普通教育、专门教育、专业教育

从我们国家的师范教育来看，教师培养也在逐渐从师范教育向师范学院教育转变，学历层次逐渐上移。这与美国教师教育的发展历程基本一致。而且，我们欣喜地看到，2018年1月，中共中央、国务院印发《关于全面深化新时代教师队伍建设改革的意见》，明确提出"支持高水平综合大学开展教师教育"，为高水平综合大学参与教师教育提出了政策导向。该意见印发后，一些高水平综合大学参与教师教育的热情被调动起来。如南京大学在2019年成立"陶行知教师教育学院"，上海交通大学在2020年成立"教育学院"，开启

---

[1]　顾拓宇："美国师范教育组织转型及对我国的启示"，载《当代教育论坛》2021年第2期。

国内高水平综合大学参与提高基础教育教师质量的实践探索。一些已设立教育学院的高水平综合大学也开始重新规划教育学院的定位和发展，谋求在教师教育领域有新的突破和发展。尤其是 2022 年 4 月，教育部会同其他部委共同发布《新时代基础教育强师计划》，明确提出在新时代要"构建师范院校为主体、高水平综合大学参与、教师发展机构为纽带、优质中小学为实践基地的开放、协同、联动的现代教师教育体系"。并且"支持高水平综合大学开展教师教育，推动师范人才培养质量提升"。这一计划进一步重申了支持高水平综合大学开展教师教育的立场，旨在提升师范人才培养质量，并据此提出了更为具体的推进策略和措施。期待我国师范教育能够尽快改革，从根本上加强师资队伍建设，为构建高质量教育体系奠定坚实基础。

如同教育史专家当年对美国师范教育的预言那样，有学者也对我国师范教育发展趋势进行了预言。有人预测 10 年内师范专科学校将在中国消失；20 年之内师范学院将在中国消失。至于师资培养是完全从师范院校向综合大学转型，还是师范院校与综合大学培养师资并存，这需要深入研究和探讨，无法预言。不过，时代发展到今天，无论从我国高等教育培养不出拔尖创新人才的现实来看，还是从国家对拔尖创新人才的渴求来看，或者从国外动辄用"卡脖子"科技威胁我国的发展来看，教师教育走向开放，部分或大部分师资由综合大学培养，十分必要。而且，早一天改革可以早一天受益。

打通公民办师资界限

民办高校是我国高等教育的重要组成部分。截至 2021 年 9 月底，我国共有民办高校 762 所，其中本科高校 412 所，专科高校 350 所。民办高校总数占全国高校总数（3012 所）的 25.3%。截至 2020 年底，全国高校共有专任教师 1 832 982 人；其中，民办高校共有专任教师 368 925 人，占全部专任教师总数的 20.12%。

理论上讲，民办高校的学生是法定接受教育的成员，在受教育的权利上和公办高校学生是平等的，有权享受同等的教育资源。但是，事实上，民办高校教师由于受人事部门编制身份的影响，没有编制，其师资队伍极不稳定，优秀人才流失比较严重。据相关研究，目前民办高校教师的师资流失严重，根据对民办高校教师离职去向的调查，具有高级职称的教师占比竟然达到 30%，主要流向企业、公办高校。[1] 同时，高层次人才引进困难，导致民办高校师资水平较公办学校师资水平存在较大差距。

应该说，近些年来，国家和各地先后出台政策提出要对民办高校与公办高校教师一视同仁。比如，从 2004 年起，广东省教师专业技术资格评审全面贯彻执行广东省人事厅《关于深化我省职称制度改革的若干意见》，对民办教师和公办

---

[1] "师资队伍流失严重，2020 年民办高校的出路在哪里？"，载 https://baijiahao.baidu.com/s?id=168413583388 6169856&wfr=spider&for=pc，2020 年 11 月 24 日访问。

教师一视同仁，对其在公办学校与民办学校的任教时间合并计算；工人身份受聘的教师同样可以申报评审，且对其获得的资格与教师一视同仁。[1]再比如，2012年6月，教育部发布了《关于鼓励和引导民间资金进入教育领域促进民办教育健康发展的实施意见》，要求拓宽民间资金进入民办教育的渠道。文件指出，民办学校教师也可以进行职称评审，和公办学校教师享受同等待遇。2020年10月，教育部对《关于促进民办教育发展政策完善的提案》进行答复。答复指出，在民办学校教师权益保障方面，民办学校应依法为教职工足额缴纳社会保险费和住房公积金。鼓励民办学校按规定为教职工建立补充养老保险，改善教职工退休后的待遇。落实跨地区社会保险关系转移接续政策，完善民办学校教师户籍迁移等方面的服务政策，探索建立民办学校教师人事代理制度和交流制度，促进教师合理流动。民办学校教师在资格认定、职务评聘、培养培训、评优表彰等方面与公办学校教师享有同等权利。非营利性民办学校教师享受当地公办学校同等的人才引进政策。依法落实民办学校师生对学校办学管理的知情权、参与权，保障师生参与民主管理和民主监督的权利。完善民办学校师生争议处理机制，维护师生的合法权益。[2]

但是，民办高校师资待遇和社会地位整体依然不如公办高校。这毫无疑问会影响民办高等教育质量。因此，有研究者提出三条建议：一是教师没有公、私之分，所以政策执行

---

[1] 秦晖、赖红英："民办教师与公办教师一视同仁"，载http://www.sina.com.cn，2020年6月20日访问。

[2] 教育部《关于政协十三届全国委员会第三次会议第4456号（教育类421号）提案答复的函》。

也是统一的,社会保障也应该一视同仁。按照国家规定的缴费基数标准和比例,参加事业单位养老保险,实行个人缴纳和财政补贴相结合,个人缴纳部分由学校统一收取,其余部分由各级财政予以补贴。二是保障民办教师的专业权益,建议各级政府和教育行政部门依法保障民办学校教师和公办学校教师在表彰奖励、专业培训、科研申报、立项和经费资助等方面的同等待遇。三是改善民办高校教师住房条件。鼓励民办高校建设公共租赁住房,对符合条件的,纳入当地公共租赁住房建设计划,享受公共租赁住房相关优惠政策。符合当地保障房条件的民办高校教职工,应纳入当地保障范围。

其实,根本而言,笔者认为,应打通公办民办教师身份界限。要么"新人新办法",未来时期,公办民办高校都实行"雇员制",不再有事业编制;要么由政府对民办高校进行成本核算,然后划拨经费,解决民办高校教师待遇不足问题。

总之,公办民办高校的师资应该打通,只有打通公办民办高校的师资界限,才能使两类高校的教师自由流动,从而,才能使两类高校的质量均得到提升。

完善"专升本"立交桥

"专升本"是普通高等教育专科层次起点升本科教育的简称,通常出现于教育行政部门关于普通高等学校的招生考试及相关文件中。成人高等教育中,"专升本"是成人高等学历教育专科起点本科的简称,通常出现于教育行政部门关于成人高等学校的招生考试及相关文件中。这里专门讨论普通高校中的"专升本"问题。

我国"专升本"政策正式发布于1999年。1999年教育部首次发布"专升本"教育政策，2001年国家提出按照15%的比例录取，对报考本科专业的考生实行总量控制。"专升本"的招生与录取规模呈现迅速增长态势。2006年，教育部、国家发展和改革委员会下发《关于编报2006年普通高等教育分学校分专业招生计划的通知》，规定"专升本"学生录取比例为当年专科院校应届毕业生的5%以内，同时还对招生院校和一些招生细则作出了规定。2009年，教育部、国家发展和改革委员会印发《关于编报2009年普通高等教育分学校分专业招生计划的通知》，对普通"专升本"的招生规模明确规定限额，要求普通"专升本"教育要严格执行收费标准和录取程序，"985工程"和"211工程"重点建设的高校、独立学院和民办高校不得举办普通"专升本"教育。2020年颁布的《职业教育提质培优行动计划（2020—2023年）》《对十三届全国人大三次会议第5009号建议的答复》等文件明确指出，积极推进"专升本"扩招，普通高校"专升本"招生规模至64.2万人。近三年来，"专升本"一直保持着高速扩张的发展态势，如，2019年平均升本率为8.7%，2020年升至16.4%，2022年维持在20%。

20余年来，几经周折，或限制招生规模，或扩大招生规模，"专升本"在艰难探索中前行。总体来看，"专升本"政策实施20余年，改变了专科教育是"断头"教育的局面，使大批专科学校毕业生得以升入普通高校继续深造。20余年来，已有近千万人实现了到本科高校继续学习的愿望，圆了许多专科学生的本科梦想。

但是，笔者也发现，"专升本"政策在执行过程中出现了许多问题，并没有完全实现当初的政策目标。一是"双一流"高校不接受"专升本"学生，这无疑给"专升本"学生造成了人为歧视；二是升本的专业与专科院校的专业不匹配，专科生要升本必须重新学习与拟考本科专业相近的知识，不利于专科阶段学业的学习；三是"专升本"学生进入本科高校以后，由于其专科阶段学习的知识与普通高中入学学生所学知识存在差异，导致本科院校管理十分不便：要么给"专升本"学生单独编班，要么插班与高中升学学生一起编班。总体来看，"专升本"学生考试、入学后管理中的许多问题没有得到妥善解决。

笔者认为，未来时期，一是应打开"双一流"高校招收"专升本"学生的通道，因为无论从理论上还是从实践上讲，部分专科学生具备升入"双一流"高校的能力和水平，不应堵住这部分学生升入"双一流"高校的通道，应"不拘一格选人才"。二是应加强专科学校与本科学校的专业和课程衔接，实现"专升本"立交桥的内涵衔接，而不仅仅是"形式衔接"。如此，既有利于"专升本"学生学习，也便于其升学后本科高校管理，而不至于造成"专升本"学生入学后管理的"两难"局面。三是落实完全学分制，本科高校承认专科学校学生的学分，这对于升本学生和本科学校而言，都将十分有利。

总之，"专升本"学生是一群需被关注的群体，不应是一群"被遗忘"的群体。究竟如何对其进行系统的培养教育，值得深入研究和探讨。

深化产教融合

产教融合是确保提升职业教育质量以及培养学生动手能力和实践能力的关键环节。对此，国家和各省相继出台了一系列文件，积极推动产教融合。

在国家层面，2013年，党的十八届三中全会提出要深化产教融合。2014年，国务院印发《关于加快发展现代职业教育的决定》，提出发挥企业的重要办学主体作用，调动企业参与举办职业教育的积极性。2015年，国务院印发《统筹推进世界一流大学和一流学科建设总体方案》，强调要深化产教融合，使普通高等院校成为催化产业技术变革、加速创新驱动的策源地。2016年，中共中央印发《关于深化人才发展体制机制改革的意见》，进一步指出，通过融合的形式，在强化训练技术技能人才的方式上作出革新。2017年，国务院办公厅出台《关于深化产教融合的若干意见》，就促进产教供需双向对接、推进产教融合人才培养改革、构建教育和产业统筹融合发展格局、强化企业重要主体作用等方面，提出了全面推动的对策。2019年，《国家产教融合建设试点实施方案》提出，要在全国建设培育一万家以上的产教融合型企业。2021年4月，在全国职业教育大会上，国务院原副总理孙春兰指出，需要改进学校办学的多元化模式，完善产教融合、校企合作的政策，探索符合职业教育特点的评价方式。

2021年10月，中共中央办公厅、国务院办公厅印发《关于推动现代职业教育高质量发展的意见》，再次强调要推动产教融合，推动产业与教育领域形成良性互动的模式，打造优势互补的格局。

从各省来看，也都相继出台了一系列产教融合政策。如甘肃省，2018年7月，甘肃省人民政府办公厅发布《关于深化产教融合的实施意见》，提出从人才培养、企业作用、发展格局、政策体系等几个方面进一步深化产教融合。2019年9月，甘肃省人民政府办公厅印发《甘肃省职业教育改革实施方案》，提出通过评选认定产教融合型企业、建设高水平专业化产教融合实训基地等方式，将职业学校与行业企业的未来发展命运紧密联系到一起，使甘肃省成为我国西部地区职业教育改革新高地。2019年12月，甘肃省教育厅等十部门印发的《甘肃省职业教育校企合作实施方案》提出，在5到10年时间内，构建深化产教融合的合作机制，并在2022年认定50个产教融合型企业，建设100个生产性实训基地、40个协同创新中心等一系列目标。2020年7月，教育部、甘肃省人民政府《关于整省推进职业教育发展打造"技能甘肃"的意见》提出，要打造产教融合示范区。2021年7月，甘肃省发展和改革委员会等六部门出台《甘肃省产教融合建设试点实施方案》，向社会公布了要建设培育的首批甘肃省产教融合型企业名单。

尽管国家和各省都出台了产教融合政策，但是，通过调研，笔者发现，各高职院校基本上还是靠老师和校友关系来开展产教融合，也就是还是一种"非制度性"的"私下合作",依然没有形成制度性的产教融合。而且,许多企业依然不积极,缺乏参与校企共同育人的积极性。也许我们应该借鉴澳大利亚或者德国的模式,实施"制度性"的产教融合。比如澳大利亚,其产教融合由第三方负责,政府将经费划拨给第三方,第三方将企业和学校链接在一起,不用企业和学校出面。这样就避免了学校在产教融合上花费更多精力,其只要把课上好就可以了。在德国,其产教融合由类似于事业单位的机构来组织,政府提供经费,也是不用学校在联系企业上花费更多时间和精力。笔者以为,加快推进"制度化"产教融合,已经成为我国提升职业教育质量和培养学生实践能力的迫切需要。否则,依然延续"非制度性"的产教融合,我们的高等职业教育质量和学生的动手能力提升一定是有限的。这不仅不利于学生发展,更不利于经济社会高质量发展。

第四章
提升要素质量

如果说高等教育高质量发展取决于系统高质量和要素高质量的合力，那么，当系统改革达到理想程度之后，或者说，当外部条件有利于推动高等教育高质量发展之时，提升要素质量便十分重要。那么，哪些要素事关高等教育高质量发展呢？从高等教育哲学视角进行分析，学生、课程、课堂教学、师资队伍等是高校高质量发展的核心要素。因此，本章主要从如何以学生为中心、重构课程体系、改革教学方式、深化绩效评价改革、加强"双师"师资建设、重视非事业编行政队伍、纠正过度追求科研成果数量倾向、走出"象牙塔"等方面分析如何提升高等教育质量。

推动以学生为中心

1998年，联合国教科文组织提出："高等教育需要转向'以学生为中心'的新视角和新模式。"自此，"以学生为中心"逐渐成为我国高校比较流行的理念和做法。"以学生为中心"的具体要求是：国际高等教育决策者应把学生及其需要作为关注的重点,把学生视为教育改革的主要参与者。国内有较大影响力的研究成果是华中科技大学赵炬明教授开展的"以学生为中心"本科教学改革系列研究。他通过文献总结归纳,提出了"新三中心"理论,认为"以学生为中心"模式具有三个基本特征:以学生发展为中心、以学生学习为中心、以学习效果为中心。[1]

应该说,改革开放40余年来,"以学生为中心"从理念引入到政策表达再到发展和应用,与我国高等教育的质量建设主题和内涵发展重点相伴随,经历了从无到有、逐步渗透和融入的过程,对高校办学和教学改革的指导力度越来越大。在"以学生为中心"的理念指导下,许多高校的本科教学发生了巨大变化,学生学习积极性大大提高,学习效果有了明显提升。

但是,总体来看,许多学校的"以学生为中心"还处在理念阶段,有些学校的"以学生为中心"只是个口号、概念而已,并没有进行深入实践,更不用说老师们自觉践行"以学生为中心"了。

为什么许多高校的"以学生为中心"只停留在口号或概念层面?究其根本原因就在于其没有深刻领会"以学生为中心"的本质内涵。西安欧亚学院是最近几年坚持"以学生为中心"理念,并取得良好成效的典型案例。在西安欧亚学院创办人、董事长胡建波教授看来,"以学生为中心"不是仅限于教学活动的局部改革,而是一场范式转型,新的教学范

---

[1] 胡建波:"应用型高校'以学生为中心'的范式转型——西安欧亚学院的转型实践历程",载《中国教育报》2021年12月28日。

式需要系统层面特别是学校体系的支持。一是基础理论的转变，"以学生为中心"范式以认知论哲学和建构主义学习理论为支撑。二是教学活动的转变，由"老三中心"（教材、教师、教室）转变为"新二中心"，从注重教师如何教转变为关注学生如何学。三是组织系统的转变，需要对学校的组织系统进行调整和变革，构建一整套新的生态系统来支撑和落实"以学生为中心"的教学模式。[1]也就是说，仅仅有理念是远远不够的，必须对学校的组织系统进行调整和改革，以适应或配合这一新理念的落实。否则，如果不进行组织系统的改革，那么，"以学生为中心"的理念只能是一句空话，是一个理念而已，无法落地，更无法取得实效。

根据西安欧亚学院的经验，要实现"以学生为中心"，不仅要从人才培养、教师发展、学生事务三个方面进行深入改革，同时还需要对内部授权体制进行改革，而且要对管理体系进行优化。此外，还要对教学信息化与学习系统建设、校园环境与学习空间改造等支持系统进行大量改革和建设工作，要形成"以学生为中心"的整体框架。不仅如此，他们积极推动人才培养模式转型，改革了人才培养方案、重构了课程体系。与此同时，积极推动教师发展转型，加大分类分层培训力度；积极推动学生事务转型，从严格管理转向学生发展与服务；推动以授权为核心的校院两级管理体制改革，将人事、财务、教学管理等权力在学校和二级学院之间重新分配，同时要求行政职能部门的工作导向转变为支持和服务

---

〔1〕 胡建波：“应用型高校'以学生为中心'的范式转型——西安欧亚学院的转型实践历程"，载《中国教育报》2021 年 12 月 28 日。

二级学院,实行管理重心下移;推动校园环境与基础设施转型,营造全面支持"以学生为中心"教学改革的物理学习空间;积极推动组织文化转型,强调团队合作、长期主义、"种树"思维、以学生为中心,注重驱动因素和批判性思维、数据思维、战略思维以及艺术素养与体育精神等。正是由于西安欧亚学院围绕"以学生为中心"进行的系统性改革,或者用他们的话说,进行了"范式"转型,因此,才使得"以学生为中心"的理念真正落地生根,并取得了良好的教育教学效果。

"以学生为中心",无论对于世界高等教育而言,还是对于我国高等教育而言,无疑都是一种新的理念、新的尝试,以此理念为指导的高等教育实践,无疑是史无前例的巨大挑战。期待我们的高等教育能够经受住这次巨大的挑战,经受住这次巨大的考验,实现华丽转身,实现历史性蜕变。

重构课程体系

大学应该教什么?应该把哪些知识传授给学生?这不仅是高等教育哲学问题,也是重大的高等教育实践问题,更是事关人才素质的根本问题。

这些年来,总体看,我国高校的课程设置基本满足了经济社会发展需求。但是,我们也必须看到,从培养拔尖创新人才的视角来看,我们的课程体系还有很多不到位之处。比如,2021年,《自然》(Nature)子刊《自然·人类行为》杂志发表的一篇论文在比较不同国家高校STEM(科学、技术、工程、数学四门学科的简称）专业大学生的高阶思维能力和学科知识技能方面作出了一定探索。研究发现，中国大学生批判性思维水平的起点很高；随着年级的提升，中国、印度、俄罗斯大学生的批判性思维能力均出现下滑，但美国却"显著"提高；中国、印度、俄罗斯重点大学和非重点大学之间，学生的水平和随年级提高而表现出的变化存在差异。中国重点大学学生持续保持明显优势，非重点大学学生起点表现不俗，但升入高年级后呈现出下降趋势。[1]

为什么我国大学生入学时批判思维比较高，但是随着年级升高却下降了呢？论文作者认为，一方面，中国、印度、俄罗斯的 STEM 本科教育中人文和社会科学课程比美国学生少，而这类课程被认为对批判性思维能力的提高有很大作用。另一方面，中国、印度、俄罗斯的大学本科教学不那么重视学生的主动参与，高年级仍然采用传统被动的讲授式方法。这种教学方法并不能培育学生批判性思维的能力。对于中国学生出现的学科基础知识表现有所下滑的情况，论文作者认为，中国大学的低淘汰率使得学生努力学习的动机不足，另外中国大学布置的作业和课外阅读相对较少，中国学生的课外学习投入时间低于印度、俄罗斯学生（仅分别占其 31% 和 39%），学业挑战度不够可能也是出现这种情况的原因之一。

不仅如此，笔者在实际教学中发现，许多硕士研究生在讨论问题的时候，不敢发言；在写论文的时候，不仅缺乏逻辑性，而且不严谨。这不是个别现象，比较普遍，文科生理

---

[1] 李星平："中印俄美大学生能力调研：中国学生表现怎么样？"，载 https://www.sohu.com/a/454782463_608848，2021 年 3 月 9 日访问。

科生都如此。缺乏批判性思维，无法参与辩论，写作缺乏逻辑、不严谨，这还仅仅是就部分基本素养和创新素养而言，如果从各学科各专业的整体性考虑，不知道我们的课程体系还会存在什么问题。

如何选择课程的确是一件很不容易的事情。比如，课程多长时间才是适切的？是社会实践问题，还是学科的逻辑体系问题？这些问题似乎很难全面照顾到。那么，就只好有所侧重。但是，究竟什么是评价课程的标准呢？再者，"课程的适切性与高等教育本身的合理性也不无关系"。[1]大学的合理性表现在完善高深学问和解决社会问题上。可是，很多学生却认为他们自己就是课程的适切性对象。如果要使课程合理，这种合理就应该表现在为他们承担义务和参与现实服务上。对此，布鲁贝克是如何看待的？他是持反对意见的。他认为：其一，"大学的主要精力不能放在现实的事件上，因为大学并不是暂时存在的"。其二，"重视现实的适切性往往趋向于学生所希望的东西而不是有价值的东西"。[2]因此，他主张采用"选修科目与必修科目的某种组合"。[3]但即使是这样，布鲁贝克也不主张很多课程是固定不变的，应该随着不同的社区、不同的个人、不同的时代有所改变。当然，也要注意的是，有些科目具有一种永恒事务的适切性，那是

---

[1] [美]约翰·S.布鲁贝克：《高等教育哲学》（第3版），王承绪等译，浙江教育出版社2002年版，第104页。

[2] [美]约翰·S.布鲁贝克：《高等教育哲学》（第3版），王承绪等译，浙江教育出版社2002年版，第104页。

[3] [美]约翰·S.布鲁贝克：《高等教育哲学》（第3版），王承绪等译，浙江教育出版社2002年版，第105页。

不能随便更改的。

此外，还有一件需要引起重视的事情就是，我们的课程门数总体比国外多。由于课程门数过多，学生疲于上课，结果自我思考和消化知识的时间少。这也可能是导致我国大学培养不出大批拔尖创新人才的原因之一。比如，李林瑾等对排名前列的11所中国大学、8所美国大学及7所欧洲大学的土木工程专业本科课程进行比较研究发现，[1]在所选取的中国地区土木工程专业高校中，总学时数最多的是同济大学（197.5学分），最少的为东南大学（150学分）。中国11所高校的平均课时学分为177.5学分。美国高校课程学分设置明显较少，除了斯坦福大学的土木工程专业课程要求180个学分以外，其余大学并没有给学生安排较多的本科课程。其中佐治亚理工学院、普渡大学、德克萨斯大学奥斯汀分校、伊利诺伊大学四所大学的平均课时学分仅为128分。

再有，从课程内容看，以美国、加拿大、英国的医学教育为例，其课程设置注重学科整合，注重建立跨学科的系统——整合课程。同时，注重人文，使医学与人文相互渗透。美国、加拿大、英国普遍注重人文社会科学的培养，人文课程学时所占比例较高，例如，美国占比为25%，而中国人文课程普遍占比为7%至14%。强化早期见习，建立更完整的临床导论课程。美国、加拿大、英国的医学院校从第一年就开始安排见习课程，前两年的医学基础课程中，学生就开始接触患者、接触临床，把理论与临床结合，使学生对专业知识

---

[1] 李林瑾等：“中国、美国和欧洲高校土木工程教学课程设置对比分析”，载《高等建筑教育》2018年第2期。

有更加感性的认识,利于记忆。另外,可以对疾病进行长期跟踪,纵向了解疾病的动态发展过程,以培养敏捷的临床思维。早期实习及角色过渡课程为培养优秀医生做了充分准备。我国医学实习在第五年(约12个月),而美国与加拿大的高校普遍第三年就安排12个月至16个月的实习。哈佛大学在2015年进行医学教育改革之后,从第二年下学期就安排实习。美国、加拿大、英国更加注重门诊、社区医疗、神经科与临床护理操作等内容实习,内科、外科、妇产科、儿科等科室的轮转实习时间大体一致。另外,美国、加拿大、英国的多所大学开设了见习—实习过渡课程及实习医生—住院医师过渡课程,此类课程进一步巩固了学生所学知识,也更好地实现了学生的角色转变。[1]

上述可见,我国高校发展要实现高质量,必须重构课程体系,适度减少课程门数,适度增加社会科学内容,注重学科交叉和实践教学。

改革教学方式

大学应该如何传授高深知识,这是大学的基本问题。同样的高深知识,传授方式方法不同,效果一定不同。

从我国高校的情况看,无论中华人民共和国成立初期,还是改革开放以来,讲授法都是主要的教学方法,在各大学中被广泛使用。最近几年来,学术界及各个高等学校充分认

---

[1] 陈玉等:"中国与美国、加拿大、英国等发达国家医学院校医学教育课程设置比较研究",载《现代医药卫生》2020年第10期。

识到传统的教学存在很多弊端，如在教学组织上基本上是班级教学，只在班级教学中有限地注意"因材施教"；在教学形式上，以课堂讲授为主，其他形式都只是围绕课堂讲授而展开；在教学方法上，多用注入式，少用或不用启发式。[1]于是，各学校从提高学生素质、培养学生研究能力与创新能力出发，积极采取一些新的教学方法。与此同时，也有些学校的教师借助现代化的教育手段，如多媒体、语音教室等开展教学。

总的来看，这些年探索的教学类型有以下几种：①案例教学。案例教学法初创于哈佛商学院，该学院将这种方法定义为：一种教师与学生直接参与、共同对工商管理案例或疑难进行讨论的教学方法。这种方法区别于传统教学方法的地方在于教学内容有着独特的来源、性质、内容、编排体系，教学方法不仅指向教师，还要求教师和学生都要有相当大的行为变化。[2]目前，案例教学法被广泛地应用于各个大学的法学、商学、管理学等诸多学科的教学实践。②对话教学。对话教学是以师生平等为基础，以学生自主研究为特征，以对话为手段，在教师的引导下，通过教师与学生、学生与学生的相互启发与讨论领会学习。对话教学一般有四种主要形式："以教师为中心"的回答式对话教学、"以学生为中心"的愤悱式对话教学、"师生关系平等"的交际式对话教学、"突出问题焦点"的辩论式对话教学。在这种方法中，教师不再是对学生发号施令的权威，任何一方都不把对方作为一

---

[1] 黄宇智编：《潘懋元高等教育学文集》，汕头大学出版社1997年版，第205~106页。

[2] 赵洪："研究性教学与大学教学方法改革"，载《高等教育研究》2006年第2期。

种对象去操纵、控制和灌输，双方是一种平等、民主、自由、公正、宽容、鼓励和帮助的交往关系和伙伴关系。[1]③讨论式教学。讨论式教学法是在教师指导下，在教师引发学生思考问题的基础上，调动学生的学习积极性，让学生自觉主动地参与教学过程，从而加强师生之间、学生之间相互交流的一种典型的互动教学方法。讨论式教学法一般分为讨论方案设计、讨论和总结三个部分。它以"培养学生分析问题能力、实现知识融会贯通"为宗旨。坚持科学性与思想性的统一，传授知识与培养能力的统一，教学与育人的统一及对受教育者进行综合训练的原则，是一种具有较强实践性的教学方法，它以培养学生"学会学习"为最终目的。[2]④学术沙龙式教学。这种方法是将"学术研讨"的基本原则和"学术沙龙"的民主形式结合起来，将之引入教学过程，使教学过程中的教师、学生、教学媒体之间形成一种科学的结构，从而最大限度地发挥教育功能。[3]⑤实践探究式教学。通过产学研合作教育，将高校科研创新与企业发展的市场需求相结合，促进学生研究问题能力的提升。许多高校在教学中，利用问题导向的研究式教学方法，创设学术研究的情境，通过学生的实验操作、调查研究、搜集与处理信息、表达与交流等探究活动，引导学生自主、独立地发现企业生产的问题，

---

[1] 肖正德："我国对话教学研究十年：回顾与反思"，载《高等教育研究》2006年第4期。

[2] 时长江："讨论式教学法及其在'两课'教学中的运用"，载《高等教育研究》2005年第7期。

[3] 谢安邦主编：《中国高等教育研究新进展·2002》，华东师范大学出版社2003年版，第213页。

获得解决问题的能力,从而促进学生探索精神和创新能力的发展。在产学研合作教育理念的指导下,探究式教学方法改变了我国传统大学以讲授为主的教学形式,调动了学生学习的积极性,提高了教学质量和教学效益。[1]

除了上述教学类型,目前在我国高等学校教学实践中还有模拟教学、情境教学、发现教学、程序教学等方法也被大量应用。正所谓"教学有法、教无定法"。其实,任何一种教学方法都有优缺点,适合一种教学内容的方法,不一定适合另一种教学内容。在教学过程中究竟采用哪种方法更适合,要根据培养目标和教学内容的不同作出不同的选择。比如,在人文社科类课程教学中,可能学术沙龙式教学、讨论教学用得会多一点;在自然科学类课程的教学中,启发式、研究式教学用得会多一些。通过对各种教学方法的总结与回顾可以看出,目前,中国大学教学逐渐呈现出如下一些特点:①充分认识到教学方法不仅包括"教"的方法也包括"学"的方法,在教学中注重教师与学生之间的互动;②根据培养目标及教学内容来选择教学方法,教学方法的运用以培养学生的各种能力(如解决问题、分析问题的能力、团队合作的能力、学会学习等)为目的。③教学方法不仅作为一种方法被广泛应用,同时也产生了各种有关教学方法的理论研究成果。[2]

---

[1] 胡建华:"高等教育教学改革篇",载中国高等教育学会组编:《改革开放30年中国高等教育发展经验专题研究(1978~2008)》,教育科学出版社2008年版,第362页。

[2] 胡建华:"高等教育教学改革篇",载中国高等教育学会组编:《改革开放30年中国高等教育发展经验专题研究(1978~2008)》,教育科学出版社2008年版,第444页。

和国外一样,我国的大学也积极倡导并推动教学手段现代化。与传统的教学方式相比,现代化教学手段凸显出以下优点:①利用多媒体进行的专业课教学,课堂上学生接受的教育不仅仅局限于专业,还包括计算机和其他相关的技术;②课堂讲授的信息量成倍增长,40学时的教学内容至多20学时就可以完成,由于利用了声、光和画面的效能,显著提高了教学效果;③减少了教师的工作量,节省的授课时间用以增加、补充教师教学组织、教学方式研究的工作量;④为交互式教学提供良好的条件,打下坚实的基础;⑤可以将专业课考试改变为使用计算机进行解决专业中实际存在问题的形式,改变传统的考试方式;⑥使枯燥的教、学过程变成对具体事物的认知行为,在与具体事物的直接接触中加深体会、理解学习的内容,从而极大地提高了学生的学习兴趣;⑦便于把课堂上教师一时的教学灵感储存起来,为以后的教学提供宝贵的教学资料;⑧使教学过程在思想上动态成长,不断地补充最先进的专业和相关技术、科研成果,避免授课内容落后于科研的发展。同时便于总结多年的教学成果,不断推陈出新,使教学内容与社会和国家的需求相适应。[1]但是,事实上,很多教师只是将原来的讲义搬到了PPT上,内容并无太大变化,变成了变相地"照本宣科",手段的现代化并没有改变师生互动少,以及缺乏友爱教学的局面。

前述可见,我国的大学采用了许多新的教学方法和现代化教学手段。但是,总体而言,我国的大学采用这些教学方

---

[1] 郝培锋等:"大学课程教育中先进的教学手段与教学思想研究",载《辽宁教育研究》2002年第2期。

法的还是少数，多数教师仍然在使用传统的教学方法。而正因为绝大多数教师仍然使用传统的教学方法，"导致大学教育质量不高。要提高教育质量，必须创新大学教学方法"。[1]"流弊久远深广的旧教学方式方法严重影响办学生气活力、阻碍大学人才培养质量提升。""偏死的教学模式引导偏死的学习方法，直接制约着学生思辨能力和创新意识、创新能力的培养，还可能使价值观教育被边缘化，甚至自觉不自觉走向反面，即学到了被扭曲和误导的思维定式或价值观念。"[2]事实上，面对这种困境，许多有识之士一直呼吁要尽快加以解决。比如，中国高等教育学会原会长周远清教授就尖锐地指出："没有什么时候比现在对教学方法改革的要求更为迫切、更为强烈了。如果大家天天讲创新、讲创新能力培养，而丝毫不去触动在人才培养中扼杀创新能力、创新知识的教学方法，那就等于自己骗自己。"[3]然而，令人遗憾的是，呼吁之声常有，传统的满堂灌、照本宣科的教学方法却依旧。在实践中，教学方法的改革并未引起各高校的足够重视。

既然传统的不加分类的满堂灌和照本宣科的教学方法在一定程度上阻碍了大学人才培养质量，那么，又是什么导致大学不改变这种教学方法呢？究竟是什么阻碍了大学教学方法的创新呢？为什么许多有识之士一再呼吁教学方法改革，

---

[1] 别敦荣："大学教学方法创新与提高高等教育质量"，载《清华大学教育研究》2009年第4期。

[2] 陈浩："不屑于教学方法：大学教改抹不去的痛"，载《决策与信息》2016年第3期。

[3] 陈浩："不屑于教学方法：大学教改抹不去的痛"，载《决策与信息》2016年第3期。

但旧的教学方法却依然如故呢？究其原因，一是相关的政策制度与教学方法创新的要求相抵触。比如，在很多大学，教师的考评、津贴的发放都以课时为标准，因为课外的工作没法计算工作量，这样一来，教师只需在规定的课时内讲好课就行了，对课外的工作、学生指导可以不花精力。在课堂评价中，往往要求教师的教学内容具有系统性、逻辑性，要循序渐进、由浅入深等，这样教师就只能按照教材的知识体系，一个要点一个要点地"照本宣科"，不能有自己的创新。二是教师对教学方法创新的意义认识不清，积极性不高。大学对教师的考核主要是教学工作量和科研的考核，对教学质量、教学水平的考核比较弱，所以不少教师对开展教学方法创新，提高教学能力缺乏动力，积极性不高。三是学生对教学方法创新是有抵触的。受传统教学观的影响，学生认为老师讲得越多越好，越具体越好，越详细越好。老师讲的多自己要看的就少，自己花时间少了，学习就轻松了。所以，当教师希望通过少讲而让学生自己更多地去阅读、思考和研究的时候，学生就不愿意了；教师布置的作业多了，学生就不高兴了；若再给他一点有挑战性的问题，他还会觉得老师在为难他。四是教学条件，如教室、教学经费等的限制。很多大学一般只有外语、艺术类等专业课程的教学场所设置比较灵活，而其他课程上课教室的桌椅大都是固定的，不能移动，教师无法组织其他形式的教学，学生没有办法在课堂上开展团队学习。[1]那么，如何改变高校教学方法落后的局面呢？有学者

---

[1] 别敦荣："大学教学方法创新与提高高等教育质量"，载《清华大学教育研究》2009年第4期。

认为，一是要引导学生由学习教材转向学习学科，学习学科的全部学术成就；二是要让学生进行问题引导式学习；三是要采取合作式的教学方式。

事实上，在我国的大学中，不仅满堂灌和照本宣科的教学方法普遍存在，即使是传统的讲授法也存在不足之处，最突出的问题就是"许多大学教师大都没有接受过专门的教学方法训练，很多教师都是拿了硕士学位、博士学位后直接走上讲台的。至于怎么备课，怎么运用教学方法，怎么有效地指导学生，怎么营造课堂教学氛围，怎样才能高效率地教学等，没有接受过培训，完全靠自己去摸索"。[1]这是一个普遍性的问题，而且这一问题并非今天才出现。从我国高等教育历史看，大学本科毕业生、硕士毕业生、博士毕业生直接上讲台当教师是一个惯例。

尤其值得注意的是，由于高校扩招，上百人的大课堂已经十分普遍。在这些课堂里，很多教师上完课就走人，几乎不与学生沟通和交流。事实上，在很多大学已经形成了师生互不沟通的"两个社会"：一个是教师社会。不少教师迫于职称评审，拼命地申报课题和撰写论文，至于如何提升教学效果，以及如何培养学生的独立思考能力和创新能力，他们实际投入的精力是严重不足的。二是学生社会。在高中阶段老师们和已经上了大学的学长们鼓吹的"到大学了就轻松了"的价值观的指导下，很多学生对大学老师是否能够沟通交流感觉无所谓，他们大多满足于及格就行。笔者认为，一

---

〔1〕 别敦荣："大学教学方法创新与提高高等教育质量"，载《清华大学教育研究》2009年第4期。

定意义上说,"两个社会"的形成也许就是钱学森提出的"我们的大学为什么不能培养出创新型人才"的根本原因之一。可想而知,在这样一种教学形态下,学生的创新能力又怎么能提高呢?又怎么能指望这样的学校培养出创新型人才呢?

值得欣喜的是,最近几年,教育部积极倡导"课堂革命",而且,已经出台了教师评价的新标准,即未来时期大学教师评职称,将采用代表作制。这势必减轻教师的科研压力,使教师有更多的精力投入课堂教学中。笔者以为,这些无疑是将教学改革引向纵深的重要信号。期待未来我国大学的教学方式方法能够有一个脱胎换骨式的新变化。因为,"只有方法精彩,课堂才能精彩。课堂精彩了,离内容精彩就不远了"。[1]其实,道理就这么简单。不过,需要引起注意的是,对于不同学科的不同课程内容,具体使用什么教学方法,一定要具体问题具体分析,不可一刀切,以至于从传统的讲授法的一个极端走向研究式教学的另一个极端。不仅如此,在教学中如何加强师生互动,如何进行有爱教学,也亟待研究和推动。笔者相信,通过这样的努力,我国大学的教学质量和高等教育质量将发生巨大改变。

深化绩效评价改革

有人说,一流大学靠文化,二流大学靠制度,三流大学

---

[1] 陈浩:"不屑于教学方法:大学教改抹不去的痛",载《决策与信息》2016年第3期。

靠权威。笔者深以为然。其实这里面包含许多道理，其中之一，就是当一所大学没有形成优良文化的时候，当文化没有很好地发挥作用的时候，必须靠制度来约束。也就是人们常说的，要"依法治校"。目前，根据笔者的观察发现，许多高校的老师，基本没有形成文化自觉，属于躺在"大锅饭"的体制上毫不费力地生活着。用当今流行的话来讲，就是处于"躺平"状态，"当一天和尚撞一天钟"。为什么会出现这一现象？究其原因，一是许多高校的老师多年来形成了达标思维和习惯，只要达到了学校的最低标准，就可以拿薪水，缺少超额完成任务的欲望；二是教育是改革的最后一个"堡垒"，深化改革不到位；三是国家或地方政府对高校的绩效评价不到位；四是有些高校的治理能力不到位。有些高校的理念就是，只要学校和学生不出事就行，存在"求稳"心理。此种背景下，靠文化肯定不起作用，因此，只有靠制度约束。最近几年，许多学校探索的绩效评价制度尤其是绩效工资制度对于调动教师的积极性具有一定作用，建议各高校推而广之。

近年来，政府高度重视教师绩效工资制度改革，绩效工资已成为高等教育治理的主要政策工具之一。在政府出台的各类教育政策中，绩效工资作为一种重要的激励手段屡屡被提及。如教育部等九部门印发的《职业教育提质培优行动计划（2020—2023年）》提出，要改革完善职业学校绩效工资政策，通过调整绩效工资总量对承担任务较重的职业学校予以照顾。目前来看，许多高校尝到了绩效工资改革的甜头。

绩效工资主要有两个作用：一是激励作用，即激发教师发挥更高的能力水平；二是约束作用，即抑制教师的怠工行为。效率工资理论认为，高工资有利于提高雇员的生产积极性，从而形成"高绩效—高收入"的正反馈机制。从实践上看，有研究发现，岗位工资、津贴补贴、绩效工资通过工作满意度对教师科研绩效有显著的促进作用。[1]与此同时，张和平、沈红通过研究得出结论，即无论是名义薪酬还是实际薪酬都对教师科研生产率有正向激励作用。笔者考察了几所高校绩效的工资改革之后也发现，绩效工资的确对调动教职工积极性起到了很大作用。过去不申报课题的，开始积极申报了；过去不写学术文章的，开始研究写学术文章了；过去不注重科研经费的，现在开始积极想办法到处争取课题经费了。甚至有的老师开始思考换个岗位或者调到其他单位。

绩效工资制度的最佳境界就是"绩效颗粒化"。何谓"绩效颗粒化"？就是将绩效管理视角从传统的宏观定性观察，深入聚焦到微观领域（比如人的行为）进行多维解析，而后沉淀丰富的绩效数据。[2]这种绩效考核机制会把组织延伸到个人和个人行为，所需要的绩效数据不仅包括组织和个人的绩效结果，还涉及员工个人的工作行为、工作过程、工作结果。绩效颗粒化，会使得绩效维度更具有针对性、客观性和即时性，使每一个人都成为业绩的增长点。

不过，笔者也发现，虽然绩效工资制度的确调动了教师的科研积极性，但是，教师的教学积极性和社会服务积极性

---

[1] 李冲、张丽、苏永建："薪酬结构、工作满意度与高校教师工作绩效关系的实证研究"，载《复旦教育论坛》2016年第5期。

[2] 忻榕、陈威如、侯正宇：《平台化管理：数字时代企业转型升维之道》，机械工业出版社2020年版，第159页。

还不够高。有人说是对教师的教学和社会服务激励力度不够，可能有这方面的原因。因此，还需要对绩效工资制度进行深入研究和探讨。有些学者对绩效工资制度存在怀疑，认为我们的高校又回到了改革开放之前的农村的"工分制"时代，缺乏对教师的信任，缺乏制度自信、文化自信。还有的学者认为，在一个学术传统相对薄弱的环境下，采取高强度的绩效激励，很容易导致教师群体的分化，学术研究的个人主义化，工作数量的伪造以及其他非生产性的副作用，实质上是一种"捡起芝麻，丢了西瓜"的表现。

虽然绩效工资制度存在着一些不足，遭到有些学者的质疑，但是，在当前，在许多大学的制度文化还不足以使大部分教师自觉行动的情况下，对于高校教师而言，绩效工资制度无疑是一种比较合适的制度。其实，任何自觉都是在制度约束下的自觉，是制度长期起作用后的习惯。没有第一步的制度约束，就不会形成多数人的长期自觉。也许再过十年、二十年，当我们国家更富裕的时候，当大部分教师对工资都不在乎的时候，或者当每个教师都把教学、科研、社会服务当作一种生活习惯的时候，那时候就不需要绩效工资了。总之，要实现我国高等教育高质量发展，绩效工资制度可能是一项不得不做的比较好的选择。

加强"双师"师资建设

就应用技术大学或高等职业教育而言，"双师型"教师对于确保应用技术大学和高等职业教育高质量发展至关重要。

世界各国都非常重视职业教育"双师型"或"双师结构"师资队伍建设。比如德国，其应用技术大学对"双师型"师资队伍的要求近乎苛刻：必须有5年企业工作经历，必须是博士毕业，这样的毕业生才能被聘为教师。有如此高水准的"双师型"师资队伍，德国的职业教育质量在世界领先，不足为奇。在澳大利亚，其职业技术教育（TAFE）学院的专任教师队伍中，几乎95%以上的教师都有自己的企业。正是由于其师资队伍的"双师性"，所以才奠定了澳大利亚职业技术教育学院的高质量教育和世界影响力。

2019年1月，国务院印发《国家职业教育改革实施方案的通知》，该通知要求，从2019年起，职业院校、应用型本科高校相关专业教师原则上从具有3年以上企业工作经历并具有高职以上学历的人员中公开招聘，特殊高技能人才（含具有高级工以上职业资格人员）可适当放宽学历要求，2020年起基本不再从应届毕业生中招聘。而且，教育部公布的数据显示，截至2019年10月，我国职业院校专任教师133.2万人，其中，中职专任教师83.4万人，高职专任教师49.8万人。"双师型"教师总量为45.56万人，其中，中职26.42万人，占专任教师的31.48%；高职19.14万人，占专任教师的39.70%，"双师型"教师数量稳步增长，教师队伍整体素质不断提高。[1]

但是，事实上，我们至今并没有严格的"双师型"教师

---

[1] 于珍："教育部：全国'双师型'教师总量为45.56万人"，载http://www.jyb.cn/rmtzcg/xwy/wzxw/201910/t20191017_267891.html，2019年10月20日访问。

标准，尤其没有类似于德国和澳大利亚那样的"双师"标准，各地都是根据自己的理解在定义"双师型"教师。而且，在实际工作中，笔者调研发现，有些地市级政府在招聘高职院校教师时，只注重其是否具有研究生学历，而不注重其是否有企业经历，导致学校想招聘的人员招聘不到。再者，有关规定要求教师每年到企业培训一个月。根据笔者调查，很多教师认为一个月时间根本无法学到多少知识，培训存在形式主义问题。

师资是高深知识生产传播力中最活跃的要素，是职业教育和应用技术大学高质量发展的核心要素。如果"双师型"师资数量不足，或者质量不过关，那么，想提升这两类学校的质量恐怕很难。因此，要进一步重视"双师型"师资队伍建设。

重视非事业编行政队伍

高校行政人员队伍是维持和确保高校健康高效运行发展的重要力量。近年来，随着我国高等教育事业的不断发展壮大，尤其是随着高校办学规模的急剧扩大及多元化办学格局的推进，高校对行政管理、教辅服务等人员的需求不断增加，非事业编行政人员数量不断增加。有的学校非事业编制人员达到了28%（见表5）；有的学校非事业编制行政人员已经接近行政人员总人数的50%。非事业编行政队伍人员日益增多，意味着我国高等学校行政管理可能发生重大变化。如何应对这一变化，确保高等教育高质量发展，是各高校面临的一个新课题。

表5　2018年某高校教职工分类情况[1]

编制	比例（%）	教职工类别	签约方
事业编制	72	教师、管理人员、教辅人员、工勤人员	学校
人才派遣A	8	管理人员、教辅人员、专职科研人员	派遣公司
人才派遣B	5	文员、秘书、专职科研人员	派遣公司
项目聘用	12	管理人员、教辅人员	派遣公司
短期聘用	3	挂职干部、博士后、柔性聘用	

随着高校非事业编制人员增多，一些新问题开始显现。一是与事业编制人员的薪资收入存在差距；二是晋升体系存在瓶颈；三是其他福利待遇存在差别。这些差别导致非事业编制人员的工作积极性受挫，缺乏归属感。一方面，非事业编制行政人员日益增加，即将成为我国高校行政管理队伍的中坚力量，将成为我国高等教育高质量发展的不可或缺的重要力量；另一方面，这部分人员的培训、待遇、晋升等方面没有引起重视。如此局面，无疑对我国高等教育高质量发展，乃至可持续发展不利，必须予以重视。

针对高校中非事业编制人员增多以及带来的问题，有些

[1] 王令云、张御辞、欧阳世泉：“高校非事业编制人员待遇及激励机制研究——以上海S大学为视角”，载《教育现代化》2018年第27期。

高校进行了积极探索,值得借鉴参考。如有的高校尝试建立"优胜劣汰"的用人机制。[1]实行"能者上,劣者下"的机制,更加注重绩效考核,进一步完善内部激励机制。明确在编人员的岗位工作职责,使得在编人员有危机感,努力工作,减少不必要的编外岗位设置。同时,对于必要的非事业编制人员岗位进行公开招聘,择优录取。对于已录取的非事业编制人员,除了对其进行必要的业绩考核之外,注意督促其自身发展,为其提供良好的培训机会和晋升途径。在待遇上,即使不能实现真正的同工同酬,也使非事业编制人员有认同感和被尊重感。如此营造和谐的校园人文环境,留住高校发展确实需要的人才。此外,充分利用现代信息技术手段,建立高校非事业编制人员用工管理信息库。将用工指标核准情况、组织人事部门人员招录情况、财政部门经费支出情况等进行网上贯通管理,实施相互监督制约,实现非事业编制人员用工动态化、精细化管理,将部门之间的制约机制落到实处。还有的高校针对非事业编制人员队伍的特点,理顺人事管理体制,创新管理制度,逐步健全非事业编制人员职业发展平台,真正实现在编和非在编教职工"同工同酬"。[2]一是职务晋升通道逐渐一致。调整现有的科级领导管理办法与处级领导管理办法,具备条件的优秀非事业编制人员可以通过竞聘实现处级干部职务的晋升。二是开通专业技术职称通道。学校现有的规定非事业编制人员可以特聘为中级专业技

---

[1] 化振勇:"高校非事业编制人员管理探索",载《北京教育(高教)》2015年第9期。

[2] 皮俊杰:"事业单位改革背景下高校非事业编制人员权益保障问题研究——以A大学为例",载《时代经贸》2019年第15期。

术职称，可以考虑放宽到高级专业技术职称。三是针对非在编人员最大的群体——后勤和保卫岗位人员提供更多的培训机会，开展多样化的培训与继续教育工作。还有的高校针对部分非事业编制人员对学校的归属感不强，缺少主人翁精神的状况，积极协调非事业编制人员与学校的劳动关系，主动关心他们的思想、工作和生活状况。

通过采取上述做法，高校非事业编制人员的工作积极性不断提高，归属感不断增强。但是，如何建立长效工作机制，稳定这支新型的高校行政人员队伍，仍有很多工作要做。

完善中层干部管理制度

毛泽东曾经指出："政治路线确定之后，干部就是决定的因素。"高校中层干部作为高校管理的中坚力量，是高校各项制度、规范的执行者和落实者，更是推动高校可持续发展的主力军。高校要培养出社会主义合格的建设者和接班人，就必须拥有一支政治素质高、道德品质好、业务水平高、人格魅力强的中层干部队伍。

中华人民共和国成立以来，我国高校广大中层干部在培养社会主义建设者和接班人上作出了积极贡献。我们必须承认，我国高校的稳定发展饱含着全国各高校广大中层干部的辛勤汗水。与此同时，我国高等教育能够在比较短的时间里实现普及化，能够进入世界第一方阵，离不开全国高校广大中层干部的共同努力。尤其是最近几年，我国高校的中层干部队伍发生了很大变化，一批学历职称高、思想活跃、业务能力强、创新能力强的干部走上高校中层岗位，为我国高等教育高质量发展提供根本保障。

但是，我们也要看到，我国许多高校在中层干部队伍管理上还存在一些不足之处，其中最突出的有三点：一是重使用轻培养。笔者调研发现，有些高校对于中层干部缺乏必要的培养。有的虽然开展了培训，但是很多培训内容不切合实际，走过场、形式主义严重。这导致许多中层干部只有依靠自己的摸索开展工作，或者靠学习前任的方法开展工作。其工作基本上是"传统"的翻版，缺乏创新和科学性，维持在原有水平的较多。二是能上不能下。许多高校的中层干部存在能上不能下的现象。出于稳定、面子、文化等考虑，许多高校的中层干部不管干得怎么样，也不管水平如何，上去了就下不来了，且基本上是终身制，很少有被撤下来的。虽然2015年7月中共中央办公厅印发的《推进领导干部能上能下若干规定（试行）》，2018年5月中共中央办公厅印发的《关于进一步激励广大干部新时代新担当新作为的意见》，把干部"能上能下"作为重要的导向和目标。但是，中层干部"能上能下"的氛围基本没有形成，除非本人提出不再担任中层干部。能上不能下，即使管理水平能力不足也不能下，这样的中层干部格局和生态，学校整体工作水平和质量可想而知。三是轮岗"一刀切"。由于有些高校没有建立起中层干部"能上能下"的制度，于是就采取了"轮岗"制度，即在一个岗位工作5年之后，必须到另外一个岗位工作。这项制度有其合理性，有利于避免干部职业倦怠，有利于防止腐败等。但是，笔者也发现，有些高校对轮岗实行"一刀切"制度，即全体中层干部不管干得好坏都必须轮岗。于是就出现了许多不熟悉新业务的中层干部被轮换到一个新岗位的现象。比如，一个中层干部不懂得高校后勤业务，结果被换到了这个岗位。一般而言，到后勤岗位的新人，没有3年的时间不太可能熟悉业务。而由于轮岗制度的存在，即使熟悉了业务，等到5年的时候又要轮岗，这也导致有些干部不想深入了解新业务。结果是，"只见干部轮岗，不见质量上涨"。这样既耽误事业发展，也耽误个人成长。

从国外来看，其很多大学也实行中层干部轮换制度。比如，其系主任是轮流担任的。不过，与我们不同的是，其系主任这个岗位就是为大家服务的，而不是一个多么显赫的"官位"。在这个职位上，就必须全心全意为师生服务。

因此，我们要实现高等教育高质量发展，就必须树立干部就是"服务"的思想，转变高校领导和中层干部的"官本位"思想，摒弃"官本位"的做法。要加大对中层干部的培训力度，开展有针对性的管用的培训。要实现高等教育高质量发展，就要废除中层干部"终身制"，推动中层干部"能上能下"。要实现高等教育高质量发展，就要打破中层干部"一刀切"式的"轮岗制"，应根据实际进行轮岗，而不是干得好坏都必须轮岗。

纠正过度追求科研成果数量倾向

科研成果数量是衡量科研贡献的一种表现形式。最近几年,我国科技论文产出取得了突飞猛进的发展。中国科学技术信息研究所发布的《2021年中国科技论文统计报告》显示,中国卓越科技论文总体产出持续增长,国际顶尖期刊论文数量排名世界第二位,上升2位;高被引论文、热点论文数量继续保持世界排名第二位。按国际论文被引用次数统计,中国在材料科学、化学、计算机科学、工程技术等4个领域排在世界第一位,与上年度相比,增加了计算机学领域;国际顶尖期刊论文数量前进两个名次,排名世界第二位。2011年至2021年,中国有10个学科产出论文的比例超过世界该学科论文的20%。材料、化学、计算机科学和工程技术4个领域论文的被引次数排名世界第一位,农业科学、生物与生物化学、环境与生态学等10个领域论文的被引用次数排名世界第二位。

不仅如此,我国国际顶尖期刊论文数量升至世界第二位。2020年被引次数超过10万次且影响因子超过30的国际期刊有15种,共发表论文2.55万篇,其中,中国发表1833篇学术论文和述评文章,排在世界第二位,比2019年上升2位。[1]

而且,笔者发现,在科技论文产出中,高校作出了突出贡献。据2019年统计,我国国内发表论文44.8万篇,其中高校发表论文占66.3%。但是,我们也需要注意,在数量的背后还存在许多不尽如人意的地方,还存在许多需要改进的地方。

---

[1] 刘垠:"上升2位!我国国际顶尖期刊论文数量跻身世界第二",载《科技日报》2021年12月28日。

具体而言,一是许多高校仅仅以论文数量来衡量科研水平,在这一评价指标的诱导下,许多高校出现了盲目追求数量而不顾质量的倾向,以至于近年来频繁出现国内外期刊撤稿的问题,这都与盲目追求科研数量有关。二是许多高校盲目攀比科研经费到账数量,而不顾实际研究成果质量,导致教师疲于为科研经费奔命,至于经费到账后如何深度开展科研则过问得不多。更有甚者,提出科研经费要年年增长。结果是,只见科研经费年年涨,不见科研水平有提高。三是与此相关的,出现了学术会议数量激增的现象。学术会议本来是学者交流学术思想、展示创新成果的会议。但是,在晋升博士点等必须召开多少次学术会议的指标要求下,催生了许多没有多少学术含量的会议。再有就是,许多项目规定,必须在规定的时间内花完多大额度的科研经费,这也导致各种名目的学术会议越来越多。

办会人、参会人乐此不疲,迎来送往,好一派"学术繁荣"景象。结果是,许多学术会议没有什么实质性学术进展和创新,不仅浪费了大量时间精力,也浪费了大量科研经费。更重要的是,严重背离了学术本质,背离了学术交流的宗旨。这种被严重污染的学术会议,严重破坏学术生态的会议,已经到了非治理不可的地步。应加大对名不副实的学术会议的整顿力度,使学术会议回归学术本质。

此外,在各个学术领域,还存在一种"期刊决定学术水平"的奇怪现象,出现了权威期刊、高水平期刊、核心期刊等名目繁多的期刊。似乎在权威期刊上发表的文章创新能力就高,在普通期刊上发表的文章创新能力就弱、就一文不值。

还有，科研项目也要分成一定的级别，有国家级、省部级、地市级、学校级等，课题级别越高，经费越多。似乎级别越高，课题越重要，研究者的科研能力就越强。问题分重要与否，可以理解。可是，课题也分级别，着实让人无法理解。各学校拼命拼比高级别期刊、高级别项目，高级别期刊、高级别项目一大堆，高水平高质量研究成果却不见增长，诺贝尔奖更是可望而不可及。

上述种种现象，几乎都与过度追求科研数量有关，都与各高校盲目攀比有关，都与各高校日益背离学术本质有关。如果不加以禁止，不加以整改，必将浪费更多的科研经费，必将进一步损害学术生态。更为重要的是，可能将严重阻碍我国加快实现科技强国的步伐。

走出象牙塔

人才培养、科学研究、社会服务是高校的三大职能。按照三大职能产生的先后顺序，"社会服务"被称为高校的"第三职能"。总体来看，高教强国的许多大学"第三职能"已形成稳定的运行机制和模式，并已规范化、制度化。

第一，重视制定社会服务战略规划。一些高教强国的大学都有专门的社会服务规划。如斯坦福大学，在发展规划中强调，要以整个人类的文明进步为最终目的，积极发挥大学的作用以促进整个社会发展。耶鲁大学，坚持将公共服务作为学校教育不可或缺的一部分。英国的曼彻斯特大学，2020年，在其战略中，明确社会责任是三个核心战略目标之一，与世界级研究、学习体验同等重要。

第二,成立专门负责社会服务的机构。一些高教强国的许多大学,将社会服务职能与教务处、科研处同等重视,设置了专门负责社会服务的机构。如哈佛大学设立了"学术参与公共服务中心",斯坦福大学设置了"哈斯公共服务中心",主要职责是负责提供培训、商讨可持续战略规划、学术参与社区服务、提供短期实习项目等。日本也如此,其许多大学建立了"连携机构"。韩国,在138个被调查会员大学中,有46.4%的大学设有专门的社会服务部门(见表6)。

表6 韩国大学社会服务设立负责部门情况[1]

	有/无	频率(个)	百分比(%)
负责部门	有	64	46.4
	无	74	53.6
	总计	138	100

第三,设置服务学习课程。服务学习课程,是使学生运用所学知识为社会服务的课程(不同于实践课)。在美国,2011年"校园联盟"(Campus Compact)作为大学承诺服务学习代表的组织机构有超过1100个成员,覆盖美国34个州和地区机构,94%的大学或机构从2011年秋季开始提供服务学习课程,其中55%的大学要求学术服务学习作为核

---

[1] 杜文斌、崔元奎:"韩国高校社会服务与服务学习的A发展探究",载《中国志愿服务研究》2020年第1期。

心课程的一部分。20世纪90年代，日本高校开始引进美国服务学习理念并开设服务学习课程。在韩国，2010年的调查结果显示，对于服务学习课程，有46.3%的大学承认1学分，22.1%的大学承认2学分，21.4%的大学最多承认3学分。

第四，设置社会服务专项拨款。英国将大学社会服务与教学、科研置于同等重要的地位，分别于1999年和2003年相继设立了"高等教育面向商业及社区溢出基金"（Higher Education Reach Out to Business and the Community，HEROBC）、"高等教育创新基金"（Higher Education Innovation Fund，HEIF），专门支持大学的社会服务。HEIF自设立以来资金数额不断增加，2009年，第四轮HEIF相比第三轮的1.5亿镑增加了36%。英国政府在2017年的《工业战略白皮书》中认可HEIF的重要作用，并承诺到2020年至2021年度增加HEIF至2.5亿镑。

第五，大学资源向社会开放。英国大学早在19世纪中叶就开启了大学推广运动（Univetsity Extension Movement），积极为普通市民开设校外扩展课程教育。美国大学向社会开放资源在全球更是十分有名。日本也是如此，许多大学的文化艺术设施、图书馆、体育设置，有的甚至是实验设施也向社会开放，教师经常举办面向社区的讲座，大学积极开展志愿者服务活动，等等。

第六，开展教师社会服务评价。世界高教强国的许多大学开展了对教师的社会服务评价，有些大学将社会服务作为教师职称评定的硬性要求。在美国，一项调查表明，在被调查的729所大学中,有498所大学将社会服务写进教师评价政策中,占比68%。与没有进行相关改革的231所大学相比,进行改革的498所大学在过去的10年间在本科生学习质量、大学与社区关系、大学发展等方面有明显提升(见图1)。

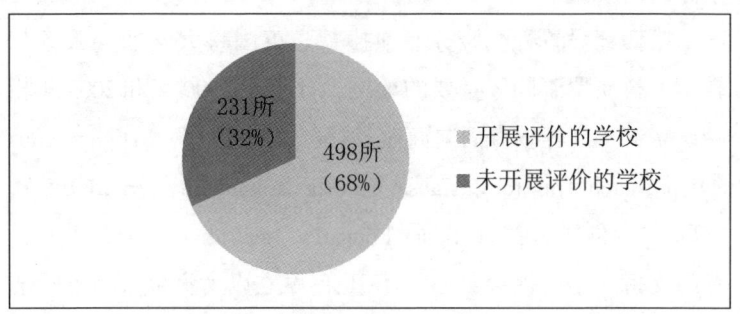

图1 美国对教师社会服务进行评价的学校[1]

从世界大学"第三职能"的发展趋势看,一是"第三职能"进入3.0时代。大学社会服务职能1.0时代,即以开设专业为主的时期,时间是19世纪60年代,典型代表是威斯康星大学。2.0时代,即以科研成果转化或"技术转移"为主的时期,时间是20世纪50年代,典型代表是"硅谷"大学科技园区。3.0时代,即以"双向社区参与"或"知识交换"为主的时期,时间是20世纪90年代,典型的国家是美国和英国。20世纪90年代,美国研究型大学重新审视社会服务使命,社会服务模式由"单向公共服务"转变为"双向

---

[1] Kerry Ann OMeara, "Encouraging multiple Forms of Scholarship in Faculty Reward System: Does It Make a Difference?", *Research in Higher Education*, 2005, 46 (5): 488~489, 501.

社区参与"。英国于1992年用"知识交换"取代"技术转移",将高校与非学术伙伴之间的合作全部纳入大学社会服务范围。二是开展"第三职能"专项评价。以往政府或第三方对大学的评价基本是综合评价。20世纪中期以来,一些高教强国开始对大学社会服务职能进行单独评价。如美国卡内基教学促进基金会于2005年开始对大学社会服务进行专门评价,2015年进一步细化了评价内容。2017年,英国政府发布白皮书《工业战略:建立适应未来的英国》,提出发展"知识交换框架"(Knowledge Exchange Framework,KEF)。2020年初,KEF第一轮正式方案发布并实施,成为一个专门评价高校社会服务表现的项目。2003年,由33所大学参与的"澳大利亚大学社区参与联盟"(AUCEA)正式成立,并对联盟成员的社会服务进行评价。德国、日本也都十分重视高校第三职能评价。

反观我国,许多高校的"第三职能"依然处于2.0甚至1.0时代,还没有真正走出"象牙塔"。与高教强国相比,主要差距表现在以下方面:一是专门的社会服务机构少。通过查阅全国1270所本科高校网页,笔者发现,我国仅有24所本科院校设置了名为"社会服务处"或"社会服务中心"的机构,占总数的1.9%。有520所高校设置了科技成果转化中心、国内合作处等,占总数的40.9%。尚有726所高校既没有设置社会服务处,也没有相应的产学研合作办公室等机构,占高校总数的57.2%(见图2)。二是社会服务专项拨款缺失。通过查阅全国本科高校网页和访谈,笔者发现,我国仅有少部分高校设置了社会服务专项基金,如河北大学、黄冈

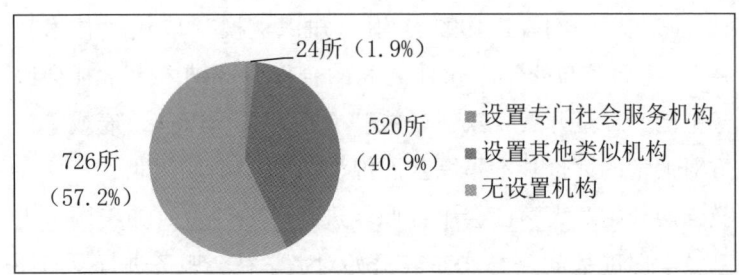

图 2　全国本科高校设置专门社会服务机构情况

师范学院、黄河科技学院等,许多高校没有设置社会服务专项经费。三是学生参与服务抓手缺失。通过查阅全国本科高校网页,笔者发现,我国仅有少数高校设置了"服务学习"课程,如南开大学、汕头大学、同济大学等,大部分高校没有开设"服务学习"课程。四是对教师社会服务评价"虚化"。通过查阅全国本科高校网页和访谈,笔者发现,部分高校开展了对教师社会服务评价,有些高校还专门出台了教师社会服务工作量认定办法,如南京农业大学,2015 年印发了《南京农业大学社会服务工作量认定管理暂行办法》。但是,通过访谈,笔者发现,由于对教师的社会服务界定模糊,加之许多教师确实没有直接参与社会服务,所以,其对教师社会服务的评价并没有落实。五是高校资源向社会开放程度不高。通过查阅文献和访谈,笔者发现,我国部分高校实现了图书馆、体育馆、博物院等对外开放。如,2014 年 8 月,安徽省教育厅下发《关于推进高等学校教育科研资源有序开放的意见》,要求高校的图书馆、教学和科研实验室、体育场馆等都要对外开放。2014 年 12 月,四川大学、电子科技大学等 11 所高校的图书馆开始面向社会开放。但总体看,许多高校的资源还没有对外开放。六是对高校整体社会服务评价缺失。通过查阅文献,笔者发现,我国目前尚未有对高校社会服务的单独评价。2021年最新颁布的《普通高等学校本科教育教学审核评估实施方案(2021—2025年)》也没有设置社会服务评价内容。

此外,由于高校师生深入企业不够、参与社会服务不够,以及缺乏专门的社会服务机构,其科研成果转化率不高。教育部科学技术司编写的《2020年高等学校科技统计资料汇编》显示,高校专利授权206 036项,发明专利92 028项。但是,国家知识产权局发布的《2020年中国专利调查报告》显示,2020年高校有效发明专利产业化率仅为3.8%,远低于企业和科研单位。

针对我国高校"第三职能"存在的主要问题,笔者提出以下建议。一方面,政府应提高对高校社会服务职能的认识。社会服务是高校的第三大职能,与人才培养、科学研究同等重要。通过社会服务可以大幅提升人才培养、科学研究质量,使大学更好地担负起服务社会的责任和使命。一是应提高对高校"第三职能"的认识,将高校社会服务放在与人才培养和科学研究同等重要的位置。二是应出台专门的高校社会服务政策。强化高校"第三职能",以制度约束高校积极为社会服务。三是应设置高校社会服务专项经费。像支持人才培养和科学研究那样,支持高校社会服务。

另一方面,高校应设置专门的社会服务机构,统筹全校社会服务工作。且应开设"服务学习"课程,使学生运用所学知识为"社区"服务。应加大高校资源向社会开放力度,发挥高校知识和科技、文化资源的外溢效应，使更多的国民从中受益。应加强对高校整体及师生社会服务的评价，以此检查督促学校和师生，推动学校和师生积极参与社会服务。

第五章
推进治理体系和治理能力现代化

高水平的治理体系和治理能力,是高等教育高质量发展的可靠保障。无论高教育哲学多么高超,也不论高等教育系统设计得多么完美,或者各高等教育要素多么高质量,如果治理体系和治理能力存在严重问题,那么,高等教育也必将无法实现高质量发展。治理体系和治理能力涉及范围十分广泛,无法一一分析,这里仅就加快转型、推进循证教育、深化"放管服"改革、加大政策执行监督力度等,阐述笔者的粗浅看法。

转型:加强中国特色大学制度建设

我国现代意义的高等教育建立一百多年来,共经历了三次大的历史性转型。[1]第一次转型是20世纪20年代以美国高等教育模式为参照系进行的转型。这次转型的学习对象是

---

[1] 孟中媛:"百年来中国大学的三次转型发展的历史回顾",载《黑龙江高教研究》2008年第5期。

美国。1904年,清政府参照日本教育制度颁布的《奏定学堂章程》确立了我国近代的学校制度,包括大学制度。但是,由于日本的教育制度包含封建性和军国主义色彩,因此,1922年,北洋政府设立了壬戌学制,转而模仿美国建立了类似美国的高等教育制度体系。第二次转型是中华人民共和国成立后对苏联高等教育模式的全盘照搬。1956年《高等学校章程草案》颁布,标志着以苏联模式为蓝本的高等教育制度基本确立。第三次转型是改革开放后,以欧美为主,参照世界各国大学发展经验,自主探索和建设中国特色社会主义高等教育模式。以1985年中共中央《关于教育体制改革的决定》的颁布为标志,我国高等教育开始了百年来的第三次重要转型发展,即以欧美高教模式为主,参照世界各国大学发展经验,走上了自主探索、建设中国特色社会主义高等教育模式的道路（见表7）。

表7 20世纪初期以来我国高等教育制度的建立及三次大转型[1]

	建立现代意义的高等教育制度体系	第一次转型	第二次转型	第三次转型
建立及转型时间	19世纪末20世纪初	20世纪20年代	20世纪50年代	20世纪80年代
学习对象	学习日本	学习美国	学习苏联	学习欧美
转型方向	从书院转向新式学堂	从日本模式转向美国模式	从美国模式转向苏联模式	从苏联模式转向欧美模式

[1] 根据《中华人民共和国高等教育史》及孟中媛撰写的"百年来中国大学的三次转型发展的历史回顾"整理形成。

第五章 推进治理体系和治理能力现代化

续表

	建立现代意义的高等教育制度体系	第一次转型	第二次转型	第三次转型
重要事件	1904年颁布《奏定学堂章程》	1922年设立壬戌学制	1956年颁布《高等学校章程草案》	1985年颁布中共中央《关于教育体制改革的决定》
高教理念	中西结合	民主化管理	集中统一管理	体制机制改革
动力方向	向外的学习力	向外的学习力	向外的学习力	向外的学习力
结构形态	新式学堂	单科学院	行业学院	综合大学
运行模式	计划（当时的政府统一划拨经费等）	计划（当时的政府统一划拨经费等）	计划（与计划经济体制的计划概念一致）	从计划到市场（计划与计划经济体制的概念一致；市场，主要是指竞争机制等）

从表7不难看出，百余年来，整个中国高等教育史就是一部不断向别国学习的历史，先是学习日本，而后学习美国，中华人民共和国成立初期又学苏联，改革开放后又学欧美。当然，百余年高等教育转型的历史，也是不断探索寻求中国特色高等教育模式的历史，其中不乏对我国传统高等教育思想以及百余年来高等教育实践的总结。比如，根据荀渊的研究，在我国近代意义的高等教育初创时期，在书院向新式学堂的转变过程中，注重了层次、学科的中西结合，教育宗旨的中西结合，管理方式的变革，科举与学堂教育的结合。[1]这说明我国现代意义的高等教育与传统的高等教育之间有着

---

[1] 荀渊："中国高等教育从传统向现代的转型——对1901—1936年间中国高等教育变革的考察"，华东师范大学2002年博士学位论文。

千丝万缕的联系。再比如，1985年，我国颁布中共中央《关于教育体制改革的决定》，提出要扩大高校的办学自主权、进行办学体制改革，等等。这些都是积极探索属于中国的高等教育模式的有益尝试，为未来时期建设中国特色的高等教育制度奠定了较好的基础。

但是，从总体上看，在我国百余年来的高等教育发展历程中，无论是大学制度建设，还是办学体制机制等，真正属于我们自己的东西还不够多。而恰恰由于百余年来我们始终在向别国高等教育学习，许多高等教育制度总是变来变去，所以，事实上，至今我们尚未形成真正属于我们自己的"系统的""成熟的""稳定的"高等教育"模型"。正如邬大光教授指出的那样：西方国家的大学在千年历史中经历了多次转型，其发展"型态"基本稳定；我国大学在百年历史中也经历了多次转型，但并没有形成稳定的本土化"型态"。[1] 而且，也正是由于百余年来我国高等教育发展"模型"缺乏"成熟性""稳定性"，高等教育质量始终不尽如人意。尤其是近些年，社会各界对高等教育质量的质疑之声不绝于耳。因此，在借鉴别国高等教育先进制度和经验的基础上，扎根中国大地办大学，建立真正属于我们自己的具有中国传统文化根基的高等教育中国模式，是我国高等教育未来的必然选择。而要建立真正属于我们自己的具有中国特色的高等教育模式，就必须加快进行第四次高等教育转型。

为什么我国高等教育需要第四次转型？从根本上说，就

---

〔1〕 邬大光："大学转型发展的时代呼唤"，载《中国高教研究》2021年第8期。

是百余年来，经过三次大的转型，我国高等教育至今没有形成属于自己的"成熟的""稳定的"高等教育"模型"。正因为如此，所以，多年来，我们的高等教育服务社会的整体能力还不够强，许多"卡脖子"的科技问题迟迟得不到解决，无法确保高等教育稳定高质量地发展。当前，无论从我国的高等教育理念、社会整体转型的现状来看，抑或从我国经济社会高质量发展，以及2035教育现代化愿景来看，还是从世界第四次工业革命，以及其他国家对我国科技的"卡脖子"来看，我国高等教育都迫切需要加快进行第四次转型。

第一，第四次转型是落实习近平"扎根中国大地办大学"思想的迫切需要。习近平总书记指出，我们要扎根中国大地办大学。这一思想是对近百年来中国高等教育历史经验和教训的深刻总结。从一百多年来我国高等教育发展的历史看，经过三次转型，我国成了世界高等教育大国。但是，至今我们还不是世界高等教育强国。为什么我国高等教育走过百余年的历程却依然不是世界高等教育强国？究其根本原因，就在于我们的高等教育是"模仿的高等教育"，而不是"自己的高等教育"。模仿的太多，属于自己的太少，自然脱离不了模仿的痕迹，自然带着别国的"味道"。纵观世界高等教育强国，几乎都有自己的模式。比如日本模式、英国模式、美国模式、澳大利亚模式，等等。因此，在学习别国的基础上，形成中国自己的高等教育模式是我国高等教育走向强国之列的必然选择。习近平总书记关于"扎根中国大地办大学"的思想，为未来时期我国高等教育转型发展指明了方向。

第二，第四次转型是适应我国社会整体转型的迫切需要。有研究者对我国社会转型进行研究后认为，当前我国已进入改革发展的关键时期，经济体制深刻变革，社会结构深刻变动，利益格局深刻调整，思想观念深刻变化。这"四个深刻"决定了当代中国转型发展是全方位的转型发展。这种全方位的转型发展包括了从原有计划经济体制向社会主义市场经济体制转变、农业社会向工业社会转变、乡村社会向城镇社会转变、封闭半封闭社会向开放社会转变、伦理社会向法理社会转变等，结构转型和体制转轨同步并行、相互交织，涉及社会所有构成要素系统的相应变化与调整。简言之，全方位转型发展就是经济、政治、文化、社会等领域的全面性变革。[1]

如果说在经济体制从计划向市场转型之后，我国高等教育也从计划逐步走向了市场，那么，在未来整个社会进入全方位转型的时期，我国高等教育无疑也必须实现从理念到运行模式，以及结构形态的全方位转型。

第三，第四次转型是适应我国经济社会高质量发展的迫切需要。2021年《纲要》提出，"十四五"乃至未来时期，国家要坚持稳中求进工作总基调，以推动高质量发展为主题，以深化供给侧结构性改革为主线，以改革创新为根本动力，以满足人民日益增长的美好生活需要为根本目的，统筹发展和安全，加快建设现代化经济体系，加快构建以国内大循环

---

[1] 郑杭生：" 转型发展论"，载 6https://baike.so.com/doc/24951837-25905919.html，2020 年 12 月 20 日访问。

为主体、国内国际双循环相互促进的新发展格局，推进国家治理体系和治理能力现代化，实现经济行稳致远、社会安定和谐，为全面建设社会主义现代化国家开好局、起好步。《纲要》开启了全面建设社会主义现代化国家新征程。《纲要》提出的"高质量"发展、"双循环"新格局，是不同以往的发展，标志着我国经济社会发展将发生新的质的飞跃。国家经济社会的重大转型，必然需要高等教育高质量发展作为支撑。经济社会高质量发展为高等教育第四次转型提供了前所未有的契机。

第四，第四次转型是实现2035年教育现代化愿景的迫切需要。2019年2月，中共中央、国务院印发《中国教育现代化2035》，这是我国第一个以教育现代化为主题的中长期战略规划，是新时代推进教育现代化、建设教育强国的纲领性文件。《中国教育现代化2035》是党和国家从"两个一百年"奋斗目标和国家现代化全局出发，在总结改革开放以来特别是党的十八大以来教育改革发展成就和经验基础上，面向未来描绘教育发展图景，系统勾画了我国教育现代化的战略愿景，明确了教育现代化的战略目标、战略任务和实施路径。《中国教育现代化2035》提出，到2035年，我国教育总体实现教育现代化，迈入教育强国行列，推动我国成为学习大国、人力资源强国和人才强国，为到21世纪中叶建成富强民主文明和谐美丽的社会主义现代化强国奠定坚实基础。高等教育作为教育领域的重要组成部分，在《中国教育现代化2035》愿景中具有举足轻重的地位和作用，只有破解诸多阻碍高等教育高质量发展的深层问题，加快转型发展，才能确保2035年实现高等教育现代化，进而保证实现教育现代化发展目标。

第五，第四次转型是迎接第四次工业革命的迫切需要。当今世界正经历百年未有之大变局，新一轮科技革命和产业变革蓬勃兴起。尤其是随着第四次工业革命的到来，现代社会的生产方式、生活方式乃至思维方式都在经历深刻的变革。西安交通大学校长王树国认为，在第四次工业革命背景下，高等教育存在着以下特点：一是知识的垄断已经不复存在，大学不能继续高高在上；二是产业结构变化催生新的学科组织方式；三是知识更新的高频节奏催生新的培养模式；四是市场对新技术的高度敏感性催生科研方式的转变。[1]从世界高等教育发展历史来看，每一次科技革命不仅对高等教育提出新的要求，还会引发世界各国高等教育发生深刻变革。与此同时，每一次工业革命也将极大推动世界高等教育发展。第四次工业革命也不例外，也必将推动世界各国高等教育的深刻变革和快速发展。第四次工业革命既对世界各国高等教育转型发展提出了新要求，也对世界各国高等教育转型发展提供了支撑和保障。我国也不例外，也必须依据第四次工业革命提出的新要求加快转型发展，如此才能跟上世界高等教育发展的步伐。

第六，第四次转型是加快解决"卡脖子"科技难题的迫切需要。进入21世纪，我国科技发展突飞猛进，自主创新能力大幅提升，为经济社会发展注入强劲动力，但同时必须清

---

[1] 王树国："第四次工业革命背景下的高等教育变革与发展"，载《中国高教研究》2021年第1期。

醒地认识到，我国在某些关键领域依旧存在被其他国家"卡脖子"的情况，导致行业发展处处受制，直接影响到我国经济社会发展目标实现及综合国力提升。习近平总书记指出："我们是一个大国，在科技创新上要有自己的东西。""只有把核心技术掌握在自己手中，才能真正掌握竞争和发展的主动权。"高等教育系统的科研力量是我国高科技的主力军之一，只有深化高校科研体制机制改革，"破五唯""开新局"，才能为解决诸多"卡脖子"科技问题，作出高等教育系统应有的贡献。这无疑需要高等教育加快转型发展。

上述可见，我们从来没有比现在更迫切地需要高等教育转型，从来没有比现在更需要建立属于中国自己的高等教育模式。我国高等教育面临着向第四次转型的重大历史机遇，必须抓住机遇，乘势转型。那么，第四次高等教育转型与以往的高等教育转型有哪些不同呢？其主要任务是什么呢？由于参照系不同，学习对象不同，我国高等教育第四次转型与以往三次转型具有本质区别。

以《国家中长期教育改革和发展规划纲要（2010—2020年）》为重要标志，截至2020年，我们把从欧美等国借鉴来的董事会制度、大学章程、通识教育、学分制、绩效评价制度等基本建立了起来。可以说，社会各界还不十分满意，但笔者认为，我国高等教育已经基本完成了向欧美学习的第三次转型。以2019年颁布的《中国教育现代化2035》为标志，我国开启了中国教育现代化建设的新征程，高等教育开启了第四次转型，即由以往的"学习型"转变为"创建型"。这意味着我国将要独立自主创建属于自己的高等教育模式，创建有自主知识产权的现代高等教育制度体系。第四次高等教育转型是对前三次转型,尤其是对第三次转型的补充和完善。一方面,需补充第三次转型的不足之处;另一方面,应改变观念,大胆创新,建立真正属于中国自己的高等教育模式。第四次高等教育转型与以往的高等教育转型具有本质区别(见表8)。

表8 我国高等教育第四次转型与以往转型的区别[1]

	第一次转型	第二次转型	第三次转型	第四次转型
转型时间	20世纪20年代	20世纪50年代	20世纪80年代	21世纪20年代
学习对象	学习美国	学习苏联	学习欧美	学习本国(深度研究本国高等教育的本质和规律)
转型方向	从日本模式转向美国模式	从美国模式转向苏联模式	从苏联模式转向欧美模式	从学习国外模式转为学习自己模式和创建中国特色模式
重要事件	1922年设立壬戌学制	1956年颁布《高等学校章程草案》	1985年颁布中共中央《关于教育体制改革的决定》	2019年颁布《中国教育现代化2035》
高教理念	民主化管理	集中统一管理	体制机制改革	现代大学治理
动力机制	向外的学习力	向外的学习力	向外的学习力	向内的学习力
结构形态	单科学院	行业学院	综合大学	分类发展

---

[1] 根据《中华人民共和国高等教育史》及孟中媛撰写的"百年来中国大学的三次转型发展的历史回顾"整理形成。

续表

	第一次转型	第二次转型	第三次转型	第四次转型
运行模式	计划（指由当时的政府统一划拨经费等）	计划（与计划经济体制概念一致）	从计划到市场（计划与计划经济体制的计划概念一致；市场是指竞争性配置资源等）	计划与市场有机结合（此处的计划是指统一配置资源；市场是指竞争性配置资源等）

具体而言，有以下不同之处：其一，学习对象不同。以往我国高等教育转型的参照系主要是别的国家。第四次转型，学习的对象主要是自己，是我国的高等教育实践。要在深入学习国外先进高等教育理念和制度的基础上，向自己学习，通过深入研究自己的历史和经验教训，创建属于自己的中国的高等教育模式，而不是始终跟在别国的后面亦步亦趋。这是第四次转型与前三次转型的根本区别。其二，转型方向不同。不容置疑，我国高等教育的历次转型一定都是想建立属于自己的一套高等教育模式。但事实上，由于种种原因，终不得志。方向性是高等教育转型的根本特征之一。第四次高等教育转型的方向就是在学习国外先进模式的基础上，结合中国高等教育实际，创造一种不属于别人的具有鲜明中国特色的新模式。其三，高教理念不同。经过多年的发展，尤其是第三次转型，我国高等教育积累了许多宝贵经验，这些经验既有对我国传统文化的继承，也有对国外高等教育的学习借鉴。第四次高等教育转型的理念正在逐步孕育并不断成长、成熟，这是第四次高等教育转型的关键。比如，以学生为中心的理念、社会参与共同治理理念、课程思政理念、教学学术理念、去行政化理念、投资多元化理念，等等。其四，动

力方向不同。以往高等教育转型的动力方向主要是向外的力，是学习别人以武装自己的力。第四次高等教育转型，在力的方向上，主要是向内的力，向我国高等教育深层次发力，是深入发掘我们自己的中国特色的高等教育经验和教训的力，是深入探索我国高等教育本质与特性的力。其五，结构形态不同。以往的高等教育转型大都是学习国外的高等教育结构，要么单一，要么综合，并不十分适应我国经济社会发展的实际。第四次高等教育转型，在高等教育结构上，应该是根据我国经济社会发展实践，构建分类发展的结构和多样化的结构形态。如此才能满足我国经济社会"双循环"多样化、高质量发展的需求。其六，运行模式不同。以往的高等教育运行模式基本是由政府统一拨款，统一配置高等教育资源。在实际操作过程中，由于统得过死，效果不尽如人意。第四次高等教育转型，其运行模式应该是一种计划与市场有机结合的模式（此处的计划是指政府统一配置高等教育资源；市场是指竞争性配置高等教育资源等），这样既有利于统一管理，也有利于调动各高校的积极性。

高等教育转型是指高等教育观念、高等教育结构形态、高等教育运行模式的方向性、整体性、根本性的变革。实现第四次高等教育转型，应做好顶层设计，着重解决好高等教育理念、结构形态、运行模式这几个事关高等教育全局的方向性、根本性的问题。

第一，创新现代高等教育理念。理念是行动的先导。有什么样的理念，就会引发什么样的高等教育行动和结果。从目前我国高等教育的实际来看，最近几年，引入了许多先进的理念。如成本分担理念、以学生为中心的理念、现代治理理念、通识教育理念，等等。但是，总体而言，传统的经济思维，以及许多传统的高等教育理念仍然占据主导地位。第四次高等教育转型，需摒弃阻碍高等教育发展的传统理念，在第四次转型的基础上，将第三次高等教育转型过程中尚未落实的理念，以及一些新的理念落实到高等教育实际工作之中。与此同时，应根据我国的国情，不断创新高等教育理念，以引领我国高等教育逐步形成具有鲜明特色的中国模式。

第二，调整高等教育结构形态。高等教育结构决定高等教育功能。高等教育结构问题是高等教育的首要问题。从目前我国高等教育的结构形态来看，尽管我们是高等教育大国，每年的毕业生近千万人；但是，我们的高等教育不仅难以满足国家发展对一些"卡脖子"科学技术的需要，也不能很好地满足经济社会发展对各类专业技术人才和职业技术技能人才的需要。究其原因，就在于我国的高等教育层次结构、类型结构、学科专业结构、区域结构还存在许多不合理之处。以高等教育类型结构为例，截至 2020 年底，我国共有 1270 所本科高校，通过查阅这些高校的网页，笔者发现，在 1270 所本科高校中，居然有 60 余种办学定类和定位。有的定类为研究型大学，有的定类为教学型大学，有的定类为应用型大学，等等，各种定类不一而足，杂乱无章。有些高校连办学定类这样的基本问题都没有搞清楚，其办学质量可想而知。第四次高等教育转型，需调整高等教育结构，以满足全国以及各地对高等教育的需求。从 2021 年《纲要》可以看出，未来时期，国家将要下大力气对高校进行分类管理。可以预期,随着《纲要》关于分类管理政策的深入推进,我国高等教育层次结构、类型结构、学科专业结构以及区域结构不合理的问题将得到妥善解决,高等教育结构形态将日趋合理。

第三,改革高等教育运行模式。高等教育运行机制和运行模式,是高等教育高质量和高效益的重要保障。良好的运行机制和模式,将确保高等教育的高质量和良好效益。反之,采取不良的运行机制和运行模式,高等教育质量和效益必将打折扣,甚至严重影响高等教育的高质量和高效益。从我国现行的高等教育运行机制和运行模式看,不仅没有形成良性循环,而且,有的运行机制已经严重阻碍了我国高等教育高质量、高效益发展。比如,高等职业教育的产教融合问题。众所周知,产教融合是高等职业教育的基本途径和核心环节,高职院校如果得不到企业的支持和合作,其办学质量定难得到社会认可。可是,在实际运行中,由于采取市场运行机制,即由高职院校自己到市场上找企业。其结果是,由于政策的不配套,企业毫无积极性,许多高校在寻找合作企业过程中屡屡碰壁。反观德国和澳大利亚,其职业教育的产教融合采取的是政府和市场有机结合的模式,哪些事情归政府负责,哪些事情归市场,分得比较清楚,不仅企业和职业学校双赢,而且全社会受益。再比如,高等教育评价机制,由于以往我国的高等教育评价鼓励论文数量,结果论文是多了,但质量却大打折扣。

第四次高等教育转型,需着重解决我国高等教育运行机制和运行模式的一些基本问题。比如,经费投入机制、招生机制、评价机制等。我们欣喜地看到,在评价方面,2020年

10月，中共中央、国务院印发《深化新时代教育评价改革总体方案》，提出要扭转不科学的教育评价导向，坚决克服唯分数、唯升学、唯文凭、唯论文、唯帽子的顽瘴痼疾。随着2020年国家颁布的总体评价的意见的落实，因不科学的评价机制导致的各类评价问题逐步得到了遏制，从而使得高等教育高质量发展的良性运行机制逐渐发挥作用。至于高等教育计划和市场运行机制问题，应深入研究，列出清单，将不同问题进行归类管理。如此，则长期以来存在的高等教育计划体制弊端将得到妥善解决。

推进循证教育

近年来，"循证教育"作为一种新的教育理念和实践，以其"科学性"受到越来越多的国家和国际组织的高度重视，已成为影响全球的"教育科学化"运动，正在和即将改变以往教育决策和教育实践中的诸多非科学之处，并使未来的教育变得更科学。

循证教育（Evidence-based Education）是20世纪90年代中期兴起的一种教育理念和教育实践，是指"将教育人员的专业智慧、实践经验与当时能够获得的最佳研究证据结合起来，慎重、准确而明智地作出教育决策，开展教育实践"。[1]其核心要义在于：凡进行教育决策和教育实践，均须依据最佳研究成果、依据最佳证据而行。主张"无证据不决策""无证据不教育"。因此，循证教育也被称为"基于研究的教

---

〔1〕参见拜争刚主编：《循证社会科学》，华东理工大学出版社2019年版。

育""基于证据的教育""基于文献的教育"。其重大价值在于：其一，使教育决策更科学，最大限度避免凭个人经验决策，最大限度避免决策失误或产生偏差；其二，使教育实践更科学，为提升教育质量提供保障；其三，提高教育科研成果使用率，避免大量教育科研成果闲置。

循证教育理念一经提出便得到了部分国家和国际组织的认可，部分国家和国际组织已将其付诸实践，并取得了积极进展和初步成效。综合各国和国际组织的做法，主要有以下几方面：

第一，出台"循证教育"政策。美国、英国、日本、澳大利亚等国家在21世纪初就将"遵循循证理念制定教育政策"写入了本国政府发展计划和教育法案。在英国，自20世纪末以来，政府发布的教育白皮书都将循证教育作为促进教育变革的战略措施。2010年发布的《教学的重要性》白皮书提出："确保学校能够获得可以选择使用的最佳做法、高质量材料和改进服务的证据。"2013年发表的《将证据纳入教育》报告指出，要利用证据来指导学校的教学活动。2016年发布的《教育卓越无所不在》白皮书建议，教师和领导有必要根据最佳证据决定教学实践和干预措施，并提出支持教师获得、使用高质量的证据。在美国，2002年颁布实施了《不让一个孩子落后法案》，其中多次提到教育要"基于科学的研究证据"。同年，根据《教育科学改革法案》设立教育科学研究院，明确提出"把教育转变为一种以证据为基础的工作领域""决策者在决定采取某项涉及广大学生的改革计划或教育实践之前能够经常性地得到最有效的研究和数据支持"等目标。2015 年,美国时任总统奥巴马签署《每一个学生成功法案》(Every Student Succeeds Act,简称 ESSA),明确科学研究要在教育计划、政策和实践决策中发挥作用。循证教育改革正在极力拓展证据搜集与应用的范围,在改革过程中形成国家主导、技术支撑与干预实施三者互相协调的"改革共同体"。

第二,建立教育科研数据库。2002 年,美国教育科学研究所建立了"有效教学策略网"(What Works Clearinghouse,WWC),该网站旨在通过发展与运用标准程序来评阅、整合相关教育研究,寻找有效、高质量的教育研究,为教育决策提供可靠的科学证据来源。2009 年,美国大学与学院协会在其官网发布了本科生学习成果评估标准(VALUE 标准),全美范围内的学院与大学均可使用这一评估工具。该标准致力于为本科学生学习成果评估活动提供实践模式,并在全国范围内不断推进学生个人的发展,达到学校的整体教育目标。2015 年,美国国会通过 ESSA。截至 2019 年,ESSA 的证据网站拥有超过 7 万个独立用户,成立多个高水平、中等水平或具有可能性证据标准的项目,其中高水平证据项目最多。

21 世纪以来,英国教育部等政府机构主办了"教师培训资源库"(Teacher Training Resource Bank)、"研究知情的实践网站"(The Research-Informed Practice Site)、"英国当前教育研究"(Current Educational Research in the UK)等数据库,并联合一些国际组织与高校共同开发了"教育证据门户"(Educational Evidence Portal)、"更好的"(Better)与"最佳证据百科全书"(Best Evidence Encyclopaedia)等数据库,并由教

育捐赠基金会开发了"教学和学习工具包"(Teaching and Learning Toolkit)。[1]这不仅帮助教育工作者了解与教育事件有关的最新研究、帮助其基于研究证据作出更好的决定,而且通过比较不同教育干预的成本和影响,帮助教育工作者迅速找到最有效的证据。

第三,加强科研、决策与实践的链接。自2007年以来,欧盟委员会积极推进"以知识为基础的教育培训政策"和"以证据为基础的教育政策"项目。2009年,欧盟委员会又发起了"循证式政策与实践"项目,旨在加强教育研究、教育政策与教育实践之间的链接与互动。经济合作与发展组织旗帜鲜明地要求,实证研究能够"证明哪些教育教学实践更优"。2010年起,欧盟委员会教育与文化专署资助开展欧洲教育的循证与实践项目(EIPPEE)。通过盘点教育学术研究与教育政策制定之间的联系,旨在搭建一个多层级的国际网络,促进证据的生产者与应用者之间的互动,增进循证教育政策指导实践的能力。由经济合作与发展组织发起并组织实施的国际学生评估项目PISA,就是试图在全球范围内寻找最佳证据,进而制定相关教育政策,推动教育改革实践。

在美国,循证教育的实践来源于数据的持续积累、科学范式的信息加工、研究结果的共享与交换等。循证教育尤其关注微观层次的指标与服务改进。如,1997年以来,美国政府在提升STEM教师职业水平的政策研究中,使用实践性证据、研究性证据、情境性证据、利益相关者证据等四类证据

---

[1] 俞可、陈丹、赵帅:"循证:欧盟教育实证研究新趋向",载《华东师范大学学报(教育科学版)》2017年第3期。

进行内外部质量评估。先后出台《美国竞争法》《有效的 STEM 教学法案》《STEM 优秀教师队伍建设法案》等法案,增强 STEM 教师的从业信念与职业认同感。实践证明,上述政策取得良好的效果,优秀 STEM 教师数量呈指数上升。这是一次典型的基于证据对政策成本与效益的综合考察后开展的循证决策与实践过程。

英国政府则通过学校领导学校、学校与大学合作、塑造学校循证文化等方法,建立循证教育小组与联盟,分配研究导师,提高从业者的研究能力,促进学校使用证据来指导教育决策和教学实践,同时评估循证教育变革的影响。

2002 年,我国学者开始关注循证教育。此后,循证教育逐渐引起部分高校和学界的关注。我国的主要做法如下:一是成立研究机构。2016 年,兰州大学开始立项支持循证社会科学研究,并于 2017 年成立了"兰州大学循证社会科学研究中心"。2018 年,南京理工大学成立了"循证社会科学与健康研究中心"。二是举办培训班。自 2015 年开始至今,南京理工大学先后举办了五期《循证社会工作研究方法高级研修班》。兰州大学也举办了多期培训班。三是召开研讨会。兰州大学和南京理工大学已举办多次研讨会。四是出版专著。兰州大学和南京理工大学的教师相继出版了《循证教育学》等专著。

但是,总体来看,目前我国的循证教育仍处于研究阶段,没有引起政府关注,也没有付诸实施。面对循证教育理念和实践日益被各国接受,以及世界各国日益追求教育决策和教育实践科学化的趋势,笔者建议我国政府主管部门着手做好以下几方面工作。

第一，出台推动循证教育的政策。从国外情况看，教育行政部门的推动对于循证教育的组织实施，至关重要。故教育行政主管部门应研究出台有关实施循证教育的政策，从上到下，积极倡导、推动各地各部门各学校依据教育科学研究成果和证据（包括全球的最佳教育科学研究成果）进行教育决策和教育实践，做到"无证据不决策""无证据不教育"，以进一步增强教育决策和教育实践的科学性。

第二，积极开展教育科研成果筛选工作。循证教育主要依据已有教育科研成果进行决策和实践，或就某一新问题进行科学研究后进行教育决策和实践。这就要求有关机构或组织依据一定的规则或标准，对全国乃至全球的教育科研成果进行筛选，将具有科学性的研究成果筛选出来，用于教育决策和实践。

第三，加强和改进教育科学研究。循证教育意味着要依据科学的教育研究成果进行教育决策和实践。科学的教育研究十分关键。各级各类教育科研机构和广大教育研究人员，应树立科学研究意识、循证教育意识和主动为教育决策与教育改革提供科学证据的意识，积极开展"真正的、科学的"教育研究，使教育研究更科学，改变有些教育研究成果科学含量低，甚至不具科学性的局面。

第四，增强广大管理者和教师的循证教育自觉性。循证教育决策和教育实践最终要依靠广大管理者和广大教师具体实施。各级各类学校的管理者和教师，也应树立循证教育意识，以及依据证据进行教育教学改革的意识，自觉开展循证教育。对于学校管理者而言，应主动自觉地依据最佳教育科研成果进行决策，避免凭个人经验和个人偏好进行决策，避免决策失误。对于广大教师而言，应改变长期以来形成的某些看似正确无误的"个人教育教学习惯"，依据教育科研成果进行教育教学改革，使教育教学建立在科学研究的基础上，使教育教学更科学。

第五，加快推进"教育证据资源库"建设。"教育证据资源库"或"教育知识资源库"是教育决策和教育实践的证据源泉。循证教育的组织实施离不开来源广泛、具有科学性的教育科研成果。政府、高校或第三方社会组织，应建立"教育成果资源库""教育证据资源库"或"教育知识资源库"，在全国乃至全世界范围内共享"真正的、科学的"教育研究成果，推动教育教学日益向好，为构建高质量教育体系，实现教育现代化作出积极贡献。

深化"放管服"改革

2015年5月12日，国务院召开全国推进简政放权放管结合职能转变工作电视电话会议，首次提出了"放管服"改革的概念。放管服，就是简政放权、放管结合、优化服务的简称。"放"即简政放权，降低准入门槛；"管"即创新监管，促进公平竞争；"服"即高效服务，营造便利环境。2020年5月22日，国务院时任总理李克强在《2020年国务院政府工作报告》中提出，"放管服"改革纵深推进。

其实，改革开放以来，扩大和落实高校办学自主权就是中国高等教育改革的一个重要议题。在1978年12月18日至22日召开的党的十一届三中全会提出上级给下级及个人更多更大的自主权和选择权的背景下，1979年12月6日，复旦大学校长苏步青、同济大学校长李国豪、华东师范大学校长刘佛年、上海交通大学党委书记邓旭初，联名在《人民日报》上发表题为《给高等学校一点自主权》的文章，呼吁政府给高等学校一点自主权，促进高等教育的发展。[1]《人民日报》为此专门撰写了编者按，指出：学校应不应该有点自主权，应该有哪些自主权，教育体制如何改革，才能更好地适应工作重点的转移，这是值得认真探讨的问题，希望全社会就此提出建设性意见。一石激起千层浪，教育主管部门和高等学校自此开始了对这一问题的研究和讨论。而且，从此以后，全国逐渐展开了以扩大高等学校办学自主权为突破口的高等教育体制改革热潮。如1983年6月9日，教育部发文同意上海交通大学扩大管理权限，增强学校办学活力，上海交通大学率先进行了学校内部管理体制改革；1983年2月，浙江省就高等教育管理体制改革、扩大学校办学自主权作出五条规定；1984年6月，湖北省作出六条规定，同年7月，黑龙江省人民政府出台《关于扩大全日制高等学校自主权的若干规定》。[2]

1985年5月27日，中共中央颁布《关于教育体制改革的决定》，对"自主权"问题进行了深刻论述，指出："在教

---

[1] 林荣日："中外政府与高校权力博弈模式比较研究"，载《开放教育研究》2007年第1期。

[2] 蔡克勇主编：《20世纪的中国高等教育（体制卷）》，高等教育出版社2003年版，第75页。

育事业管理权限的划分上，政府有关部门对学校主要是对高等学校统得过死，使学校缺乏应有的活力……当前高等教育体制改革的关键，就是改变政府对高等学校统得过多的管理体制。在国家统一的教育方针和计划的指导下，扩大高等学校的办学自主权。"该决定还对高等学校的办学自主权作了进一步明确的规定，即在执行国家的政策、法令、计划的前提下，规定了高等学校的具体权限，同时还提出"对不同的高等学校，国家还可以根据情况，赋予其他的权力"。1986年3月12日，国务院又颁布《高等教育管理职责暂行规定》，用法规的形式从八个方面扩大了高等学校自主办学的权限。

进入20世纪90年代后，原国家教育委员会又采取了许多措施，进一步扩大高等学校的办学自主权。1992年8月21日印发《关于国家教委直属高校深化改革、扩大办学自主权的若干意见》，根据国务院1986年发布的《高等教育管理职责暂行规定》中确定的高校管理权限，结合当时委属高校的实际，提出在专业设置、招生计划、机构设置、经费使用、人事管理等16个方面扩大高等学校的办学自主权。中央各部委和省、自治区、直辖市也都参照执行。1993年2月，中共中央、国务院印发《中国教育改革和发展纲要》，对政府和学校的关系作了规范性的概括，并指出：进行高等教育体制改革，主要是解决政府与高等学校、中央与地方、原国家教育委员会与中央各业务部门之间的关系，逐步建立政府宏观管理、学校面向社会自主办学的体制。同时提出"要在招生、专业调整、机构设置、干部任免、经费使用、职称评定、工资分配和国际合作交流等方面，分别不同情况，进一步扩大高等学校的办学自主权"。1994年，国务院发布《关于〈中国教育改革和发展纲要〉的实施意见》，进一步明确了建立政府宏观管理、学校面向社会自主办学的具体内容。1997年，原国家教育委员会又印发《关于转变职能、加强宏观管理、扩大直属高校办学自主权的若干意见》，在原来16个方面的基础上，对原国家教育委员会转变职能，进一步扩大学校自主权作出了新的规定。1998年8月29日第九届全国人民代表大会常务委员会第四次会议通过的《高等教育法》规定"高等学校应当面向社会，依法自主办学"。以法律形式规范的高等学校的办学自主权主要有：根据国家核定的办学规模，制定招生方案，自主调节系科招生比例；依法自主设置和调整学科、专业；自主制定教学计划、选编教材、组织实施教学活动；自主开展科学研究、技术开发和社会服务；按照国家有关规定，自主开展与境外高等学校之间的科学技术文化交流与合作；自主确定教学、科学研究、行政职能部门等内部组织机构的设置和人员配备；按照国家有关规定，评聘教师和其他专业技术人员的职务，调整津贴及工资分配；依法自主管理和使用举办者提供的财产、国家财政性资助、受捐赠财产等。

2010年颁布的《国家中长期教育改革和发展规划纲要（2010—2020年）》第39条提出了高校的办学自主权，即高等学校按照国家法律法规和宏观政策，自主开展教学活动、科学研究、技术开发和社会服务，自主设置和调整学科、专业，自主制定学校规划并组织实施，自主设置教学、科研、

第五章 推进治理体系和治理能力现代化

行政管理机构,自主确定内部收入分配,自主管理和使用人才,自主管理和使用学校财产和经费。

应该说,经过半个多世纪的改革与发展,中国大学的办学自主权在不断扩大和落实,中国大学正在逐步从没有自主权,向有一定的自主权转变。但是,与此同时,也必须看到,在政府逐步放权的过程中,也存在"一放就乱"的现象,有些大学为所欲为,有的大学的领导干部甚至走上了贪污腐化、违法犯罪的道路。所以,朱九思先生曾经指出:"自主权是把双刃剑,用得好,就会对工作非常有利;假如有了自主权就乱来,对不起,事情就要办坏。所以自主权是一把双刃剑,小心一点,不要乱用。"[1]他阐明了关于在中国特定国情下的大学如何行使办学自主权的真知灼见。这与布鲁贝克在《高等教育哲学》中阐述的学术自治是有限度的观点可谓异曲同工。

自由和秩序向来是并存的。学术自治必须是有限度的,不能无限自治。无限自治不仅将导致政府与学校的关系疏离,也将导致大学的无政府主义,导致腐败滋生蔓延。中国的大学如何从几乎没有学术自治权,到具有有限的学术自治权?其中的有限自治究竟多大限度才适合?未来时期,究竟哪些该放?哪些该管?哪些地方该更好地服务?这还需要进一步研究和探讨,还需要进一步设计和落实。最好能把哪些是该教育部管的,哪些是地方政府和高校该做的,哪些是学校层面该管的,哪些是可以交给各学院管的,都列出清单,明确

---

[1] 宋秋蓉:"'威权'推进学术自治与民主治校——大学教育家朱九思的办学逻辑",载《山东高等教育》2016年第6期。

职责，各负其责，这样无疑是最好的。国家的"放管服"方向已经明确，进一步深化高校"放管服"是迟早的事情，对此我们充满了期待。当然，就加快提升高等教育质量和加快建设高等教育强国步伐而言，无疑越早推进"放管服"也就越有利。

上文更多讲的是国家层面的"放管服"改革。其实，高校内部也存在"放管服"问题。近几年，许多大学在探讨"校院两级管理"，这是高校内部实施"放管服"改革的具体体现。但是，总体来看，高校内部的"放管服"进展缓慢。许多高校的行政味道还很重，官本位思想也比较严重，为师生服务的意识还不够强。如何使学院拥有更大的自主权，这是需要重视并认真研究的问题。因为各学院是生产传播高深知识的重要场所，是学术的"心脏地带"，只有激活"学术心脏"地带，才能创造更多高深知识，才能培养更多拔尖创新人才。

总之，无论是国家和省市层面，抑或高校层面，都存在着如何进一步深化"放管服"的问题。"放管服"是推动高等教育治理体系和治理能力现代化的重要抓手，对此应予以高度重视。

处理好计划与市场的关系

计划与市场作为调节高等教育资源的手段，同时并存于高等教育政策和实践中，在调整高等教育资源中发挥不同作用。从国内外高等教育实践看，计划多一点还是市场多一点，其结果大不相同。如何适度使用计划和市场手段,既是一个理论问题,也是一个实践问题。

回顾我国高等教育走过的 70 多年的路程,不难发现,从经济体制转型的角度看,我国高等教育 70 多年发展有一个鲜明的"分水岭",就是改革开放,此前为计划经济体制,此后为市场经济体制;如果按照时间划分,大致可以分为 30 年的计划经济与 40 多年的市场经济。〔1〕王建华认为:从计划经济向市场经济的转型既是我国改革开放取得成功的原因,其本身也是最重要的成果,但改革开放 30 多年来,"计划性"仍是我国高等教育体制的基本特征。〔2〕笔者以为,由于我国高等教育处在从计划经济向市场经济的转型时期,因此,其既有计划经济特征,又有市场特征。时至今日,究竟应该更多地发挥计划的作用,还是更多地发挥市场的作用,依然没有弄清楚。这导致高等教育"迷茫"一直存在,导致高等教育"阵痛"一直不断。

正如邬大光指出的那样:进入市场经济以来,高等教育的"解放思想"远远落后于经济领域的思想解放程度,高等教育改革并没有"跟上"市场经济的进程,甚至出现了"拖"经济发展后腿的现象。面对高等教育在市场上的迷茫,一方面,人们抨击"高等教育是计划经济的最后一个堡垒",希冀尽快走出计划经济的束缚;另一方面,"一放就乱,一管就死"的现象十分普遍,"放与管"一直是教育行政部门

---

〔1〕 邬大光:"走出计划经济与市场经济的双重藩篱——我国高等教育 70 年发展的反思",载《苏州大学学报(教育科学版)》2019 年第 3 期。

〔2〕 王建华:"重塑高等教育改革:从计划教育到思想市场",载《大学教育科学》2016 年第 6 期。

的最大纠结,既希望高等教育尽快变大变强,似乎又对高等教育缺乏信任,这也是"放管服"一直不尽如人意的根本原因,因为从来就没有真正意义上的"放"权。此种完全相悖的结论和现象,一方面,说明高等教育对市场的认识还十分有限;另一方面,也说明高等教育自身在市场中还缺乏主体意识。经济思想的解放,已经使我国经济体制由计划向市场转型迈出了实质性的步伐,而高等教育一直游离在社会和市场之外,其关键是解放思想的力度不够。[1]

如何处理好计划和市场的关系,无疑是我国高等教育高质量发展以及治理体系和治理能力现代化的一个极其重要的问题。对此,邬大光认为:今天高等教育由于迷茫引发的一系列阵痛,除了计划经济"遗留"的影响,也有相当一部分是市场经济带来的"苦果",其中有些苦果也可以说是高等教育"自食其果"。高等教育70多年走过的道路表明:无论是在计划经济还是市场经济条件下,总体而言,高等教育都表现出一种"被动选择"的倾向。要想从被动选择转向超越经济体制的主动选择,只有高等教育自身不断成熟,才能克服计划和市场对高等教育的消极影响,真正走出一条拥有道路自信、理论自信、制度自信和文化自信的中国特色高等教育之路。[2]

张应强则认为:20世纪90年代以来,我国高等教育改革发展在长期实行的计划体制机制基础上,逐步引入和建立

---

[1] 邬大光:"走出计划经济与市场经济的双重藩篱——我国高等教育70年发展的反思",载《苏州大学学报(教育科学版)》2019年第3期。

[2] 邬大光:"走出计划经济与市场经济的双重藩篱——我国高等教育70年发展的反思",载《苏州大学学报(教育科学版)》2019年第3期。

市场竞争体制机制，形成了高等教育双重体制机制，高等教育宏观治理主要采取"类市场化治理模式"。为了实现高等教育治理体系和治理能力现代化，我国高等教育宏观治理模式需要实现从"类市场化治理模式"向"准市场化治理模式"转变。变革的基本方向在于：让市场竞争机制在高等教育资源配置和体制机制改革中发挥决定性作用，建立政府、社会、大学等多元主体基于信任的高等教育合作治理机制，并要切实推进和实现高等教育治理法治化。[1]

笔者以为，应组织人员加强研究，从顶层划清哪些事项应该由计划调节，哪些事项应该由市场调节，哪些事项应该由国家和省级政府宏观调控，哪些事项应该由高校自主决定，哪些事项应该完全交给市场。其实，许多国家已经为我们做出了榜样，我们只要结合我国实际，总结一下这些年来我国高等教育进入市场经济之后的经验和教训，借鉴一下国际经验，应该不难划清高等教育计划与市场的界限。关键在于政府要真把此事当事，而且要有人真研究。

加快评价制度改革

教育评价事关教育发展方向，有什么样的评价指挥棒，就有什么样的办学导向。2018年，习近平总书记在全国教育大会上的讲话中指出："要深化教育体制改革，健全立德树人落实机制，扭转不科学的教育评价导向，坚决克服唯分数、

---

[1] 张应强：《在计划与市场之间：我国高等教育的治理转型和治理体系建设》，华中科技大学出版社2020年版，第1页。

唯升学、唯文凭、唯论文、唯帽子的顽瘴痼疾，从根本上解决教育评价指挥棒问题。"2020年，中共中央、国务院印发的《深化新时代教育评价改革总体方案》提出，经过5年至10年努力，各级党委和政府科学履行职责水平明显提高，各级各类学校立德树人落实机制更加完善，引导教师潜心育人的评价制度更加健全，促进学生全面发展的评价办法更加多元，社会选人用人方式更加科学。到2035年，基本形成富有时代特征、彰显中国特色、体现世界水平的教育评价体系。新的评价改革方案抓住了教育改革的核心点，突出的特点是全面落实立德树人根本任务、推进分类评价、把提高人才培养质量放在更加重要的位置。

新方案出台后，从教育部到各省再到各级各类学校都积极响应，积极探索新的评价方式和方法。比如2021年，教育部发布了《普通高等学校本科教育教学审核评估实施方案（2021—2025年）》，对高校进行分类评价。第一类审核评估针对具有世界一流办学目标、一流师资队伍和育人平台，培养一流拔尖创新人才，服务国家重大战略需求的普通本科高校。第二类审核评估针对高校的办学定位和办学历史不同，具体分为三种：一是适用于已参加过上轮审核评估，重点以学术型人才培养为主要方向的普通本科高校；二是适用于已参加过上轮审核评估，重点以应用型人才培养为主要方向的普通本科高校；三是适用于已通过合格评估5年以上，首次参加审核评估、本科办学历史较短的地方应用型普通本科高校。依据"两类四种"评估方案，各高校可综合考虑自身办学定位、人才培养目标和质量保障体系建设情况等进行自主

第五章　推进治理体系和治理能力现代化

选择，与上一轮相比，新一轮审核评估更加强调"用量身定制的尺子量自己"。

与此同时，各省各高校也积极推动评价制度改革。如，2021年12月，中共江苏省委、江苏省人民政府印发了《江苏省深化新时代教育评价改革实施方案》，中共浙江省委、浙江省委省政府也印发了《浙江省深化新时代教育评价改革实施方案》。许多高校改革了评价制度，如在职称评聘中采取"代表作"制度，更强调论文质量，不再以论文数量作为职称评定的依据，等等。

但是，总体来看，受外部环境，如世界大学排行榜和中国大学排行榜的影响，以及长期以来社会各界对大学评价的惯性思维影响，许多大学的评价依然没有摆脱数量评价的束缚。比如，教师依然要有多少课题、有多少经费，要在高水平期刊发表多少论文，等等。以往的许多评价弊端依然没有得到根治，真正的行之有效的同行评价制度还没有建立起来。

针对高等教育评价存在的问题，黄达人认为，未来时期，应该从以下几个方面进行改革：[1]其一，高校的立德树人工作需要在学校的日常工作中进行评价。如对高校师德师风的考察，不仅要看学校出台了多少文件，更要关注学校有关师德师风问题的处理过程。同样，与学生相关的政策，也是如此，都需要高度关注过程的处理。其二，高校的分类评价需要向更多的领域延伸。在国家层面，既要建设世界一流大学，也要建设高水平应用型高等学校和高等职业学校；在地方层

---

[1] 黄达人："新时代高等教育评价改革的特点及思考"，载《河北师范大学学报（教育科学版）》2022年第3期。

面，要鼓励不同类型的高校建设高水平大学。分类评价有多个层面，不仅仅是高校之间，学科、学院、教师甚至学生之间，也都要关注分类评价。其三，发挥师生互动在提高人才培养质量上的作用。要从基础设施建设到教师考核政策等各个方面为加强师生互动创造条件，良性的师生互动对提高人才培养质量具有重要作用。其四，要加强大学文化建设。师资队伍、办学资源、硬件设施等对一所大学的发展很重要，也是评价大学的要素。但良好的大学文化氛围更重要。大学文化是大学的一种核心竞争力。此外，外部评价不能代替内部评价，内部评价更重要。让大学自己评价自己，并使之成为持续改进的大学文化，才有可能凝聚更多的共识，发挥评价更大的作用。

延长校长任职年限

大学校长的任期年限到底多长科学，至今没有定论。但是，大学校长任期时间太短不利于大学发展，这是不争的事实。有资料显示，我国大学校长的任期普遍太短。浙江工业大学现代大学制度研究中心依托教育部哲学社会科学重大攻关招标项目"完善中国特色现代大学制度进程中的大学校长管理专业化研究"，于2011年建成国内首个中国大学校长数据库，并分别于2014年和2016年发布《中国大学校长专业化发展报告》第一辑和第二辑。《中国大学校长报告（2020）》作为系列报告的第三辑，以我国公办本科大学校长为研究对象，利用大学网站、中国知网、Web of Science、百度百科等网站进行51个单项数据的网络信息跟踪调查，取得115 235项数据，所有数据截至2020年6月30日。通过对我国788所公办本科大学校长的基本特征、学习经历、职业经历、履职行为、学术素养与管理素养进行数据统计与分析，形成中国大学校长的群体"画像"。研究发现，在788位校长中，校长的平均任职年限为4.56年，任期最长的校长的任职年限为20年。其中，有507位校长的任职年限在1年至5年之间，占比64.34%；217位校长的任职年限在6年至10年之间，占比27.54%；任职年限超过10年的校长，仅有23位，占比2.92%（见图3）。

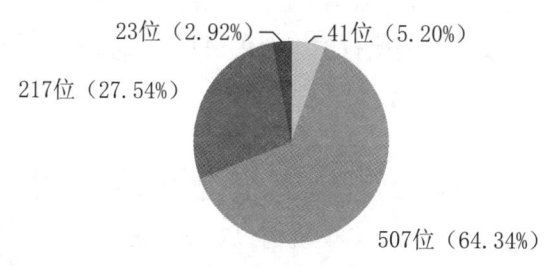

图3　高校校长任职年限[1]

反观国外大学校长的任职年限，一般都比较长。以美国为例，相当长一段时间，美国大学校长的任期都比较长，平均为10年至15年，一些大学校长甚至一辈子都在一所大学。例如，查尔斯·艾略特在哈佛大学掌校长达40年（1869年

---

[1] 参见浙江工业大学现代大学制度研究中心发布的《中国大学校长报告（2020）》。

至1909年）之久；尼可拉斯·布特勒在哥伦比亚大学的掌校时间则更长，为43年（1902年至1945年）。只是近几十年来，美国大学校长的任期渐渐缩短。据美国教育委员会统计，2006年美国大学校长的平均任期为8.5年，2011年减为7年，2016年则缩减为6.5年。[1]尽管如此，其大学校长的平均任职年限也超过我国平均4.5年的年限。而且，美国大学校长任期的不断缩短，已引起美国学者的普遍关注。因为，他们发现，大学校长的频繁变动，不利于大学内部人心安定，也不利于大学持续稳定发展。如何改变校长工作环境，提升其工作稳定性，目前已成为美国高等教育面临的一个重要课题。另外，与我国不同的是，美国大学的决策在于大学的董事会，校长只是执行董事会的决议，其董事会是相对稳定的。所以，校长的任期长短对学校的发展不会产生剧烈的影响。

我国就不一样了。虽然最近几年各高校都建立了理事会，但是，其基本属于一个参谋机构，对学校的发展不会产生太大的实质性影响。我国高校的校长，其办学理念、管理手段、人品修养、人格魅力等，对一所大学具有重大的影响。在此种背景下，频繁地更换校长，必然对高校的长期稳定发展产生诸多不利影响，甚至产生巨大内耗。每更换一次校长，几乎都要在校内引发一次巨大的"地震"，甚至导致很多教职工"人心惶惶"。因此，我国高等教育要实现高质量发展，必须改革校长任职时间。通过对国内外高水平大学的观察，

---

[1] 刘爱生：“美国大学校长任期为何变短”，载《中国教育报》2021年9月2日。

笔者发现，大学校长的任期至少是10年是比较合适的。当然，有的大学校长在任期内因种种违纪行为或工作业绩无法令人满意，届中换人，那是另一回事。而从制度上加长大学校长的任期时间，这是大学高质量发展的必然要求。

加大政策执行监督力度

政策执行是通过一定的方法、综合运用各种手段，为了实现政策目标而采取特定行为模式的过程，是将一种观念形态的政策方案付诸实施的一系列政策活动。这些行为包括两方面内容：一是将决策转化为可以操作的过程；二是按照决策所确定的目标而进行的努力，具有执行性、目标性、创造性、强制性、务实性，以及时间性的特征。通常包括宣传政策、计划制定、组织落实、政策试点、全面实施、协调控制、追踪决策七个步骤。[1]由于执行主体的素质缺陷和利益倾向、政策本身的质量、公共政策执行机制不健全以及责任与监督机制缺乏，现实中的政策执行往往会出现种种政策规避问题，包括政策敷衍、政策附加、政策替换、政策缺损、政策照搬等，而且政策执行和实施过程中的失控问题也比较严重。

高等教育领域也是如此，存在着对上级政策敷衍式执行、附加式执行、替换式执行、缺损式执行、照搬式执行现象，或者机械式执行、象征性执行、选择性执行等问题，导致某些高等教育政策目标无法实现。比如，在高等职业教育领域

---

[1] 参见陆雄文主编：《管理学大辞典》，上海辞书出版社2013年版。

就存在上述问题。一是机械式执行。即以文件落实文件，原封不动照搬照抄国家和省级职业教育文件，缺少结合本地实际情况的政策内容。二是象征性执行。即表面上看执行了政策要求，但实质上没有不折不扣地执行政策。比如，《职业教育法》规定"不得以学费、社会服务收入冲抵生均拨款"，但有的地市级政府统一收缴学费，然后将学费作为生均年拨款返给学校，冲抵生均拨款。从表面上看执行了生均拨款 12 000 元的政策规定，但实质上没有执行 12 000 元的标准。三是选择性执行。即只执行部分政策内容，其他的不予执行。如有的地市级政府的人力资源和社会保障部门在招聘高职院校教师过程中，不顾国家招收有企业经历的人员的规定，将研究生以上学历定为统一招聘标准，导致高职院校无法招聘到有企业工作经历的人员。此外，有的是部门之间根据各自职责要求判断一件事情，导致改革无法推进。比如，国家有关政策规定，高职院校可以与企业合作建立混合所有制产业学院。学校认为，建立混合所有制产业学院，有利于学生实习实训，有利于企业提升科技水平，有利于促进地方经济社会发展，是"多赢"之举。但是，地方政府担心混合所有制改革存在国有资产流失的风险，出了问题会被追责，于是便形成了观望状态，导致混合所有制产业学院建设只能停滞。

　　因此，笔者认为，应加大对地方政府执行高等教育政策的监督力度，切实解决好高等教育政策落地的"最后一公里"问题，从而确保高等教育高质量可持续发展。

第五章　推进治理体系和治理能力现代化

推进数字化

最近几年，数字化已经成为"钥匙"和"决定成功的先决条件"。[1]包括政府、企业，以及学校，都在积极采取各种措施推进数字化。尤其是新冠疫情的暴发，进一步加剧了数字化，世界各国的数字化课程的参与比例迅速提高，在线教育迅速扩大。微软公司首席执行官萨提亚·纳德拉表示，社交隔离的相关要求让"万事万物实现远程化"，让大量技术的应用提前了两年。谷歌公司首席执行官桑达尔·皮查伊对数字活动的跨越式发展表示了惊叹，并预测将对在线办公、教育、购物、医药和娱乐等各行各业产生"重大且持久"的影响。[2]笔者认为，数字化就是当今时代高深知识生产和传播的先进生产力。而历史证明，谁掌握了先进生产力，谁就有可能走在世界前列。

但是，多年来，许多分析人士反复提到"数字化转型"，只是一直无法确定它的准确含义。[3]常桐善认为，数字化是使用数字技术（digital technology）和数字战略（digital strategy）改变组织业务和运营流程，以及服务对象的体验过程，

---

[1]〔德〕克劳斯·施瓦布、〔法〕蒂埃里·马勒雷：《后疫情时代——大重构》，世界经济论坛北京代表处译，中信出版集团2020年版，第149页。
[2]〔德〕克劳斯·施瓦布、〔法〕蒂埃里·马勒雷：《后疫情时代——大重构》，世界经济论坛北京代表处译，中信出版集团2020年版，第125页。
[3]〔德〕克劳斯·施瓦布、〔法〕蒂埃里·马勒雷：《后疫情时代——大重构》，世界经济论坛北京代表处译，中信出版集团2020年版，第125页。

是改进组织运行绩效的过程。[1]何谓高等教育数字化转型？常桐善认为，高等教育数字化转型是指通过数字技术和数字战略实现高等教育办学的组织变革，旨在提高高校的运营能力和绩效。换句话说，它是通过数字技术和数字战略转变高校治理和运行模式，简化大学的业务运行程序，提高治理效能和办学质量，促使高校更加有效地利用资源，更好地服务学生、教师以及社会。他所希望的是，通过数字化转型，高等教育能够产生一种新型的治理能力，利用同样的资源办更好的大学，办更加公平的大学，为更多的学生和社会公众提供优质高等教育资源。

世界各国几乎都在积极推动高等教育数字化。比如在德国，各州文教部长联席会于2016年12月8日颁布了《数字化世界的教育》战略文件，并在提升教师数字化能力、丰富学生数字化学习场景等方面，进行了一系列重大改革。关于美国的高等教育数字化，常桐善认为，美国在高等教育数字化转型方面是走在世界高等教育前列的。[2]早在20多年前，他的计算机科学硕士学位的论文就是用C++语言开发文本挖掘工具，分析美国100所高校信息发展战略规划。当然，当时的提法普遍使用了信息技术（information technology），而现在再看高校在这方面的战略规划，大多都使用了数字化转型的题目。这个转变非常重要，在他看来，至少说明了两个

---

[1] 常桐善：“美国高等教育数字化转型现状及未来发展趋势”，载https://new.qq.com/rain/a/20211222A0CTTT00，2022年10月3日访问。

[2] 常桐善：“美国高等教育数字化转型现状及未来发展趋势”，载https://new.qq.com/rain/a/20211222A0CTTT00，2022年10月3日访问。

第五章　推进治理体系和治理能力现代化

变化：一是信息技术在高等教育的应用已经超越了技术本身，更加聚焦于数字战略的价值；二是高校更加迫切地希望通过这样的转型来实现大学治理和运行的转型。

在我国，依靠在线教学讲授传播高水平的课程，依靠慕课整体提升高等教育质量、缩小东中西部高等教育差距，依靠数字化提升高等教育管理水平，已经逐步得到社会各界的重视。教育部高等教育司司长吴岩介绍，截至2021年10月底，我国上线慕课数量超过4.75万门，注册用户3.64亿，选课人次达7.55亿，在校生获得慕课学分人数2.91亿人次。在线学习35亿人次，在线课程1719万门次。[1]2022年2月28日，教育部部长怀进鹏在国家教育行政学院举行的2022年春季开学典礼上指出，我们要聚焦数字中国，大力实施教育数字化战略行动。按照"需求牵引、应用为王、服务至上"的原则，抢占未来发展先机，切实以教育信息化推动教育高质量发展。[2]《教育部高等教育司2022年工作要点》指出，全面推进高等教育教学数字化，具体任务包括：加快完善高等教育教学数字化体系，提升数字化应用能力，提升数字化治理能力，提升数字化国际影响力等。

总体来看，我们在教学中、在课程资源方面的数字化比较多，在高等教育治理方面的数字化还不尽如人意。未来时期，实现高等教育高质量发展战略，建设高等教育强国，需

---

[1] 吴岩："抓好新基建　迈向高质量——大力推动慕课与在线教学创新发展"，载http://www.360doc.com/content/12/0121/07/49846785_1006175398.shtml，2022年10月10日访问。

[2] 怀进鹏："聚焦数字中国，大力实施教育数字化战略行动"，载https://new.qq.com/rain/a/20220301A05YPB00，2022年10月25日访问。

要在现有的数字化课程、教学的基础上，加大数字化治理体系和治理能力建设。"无论如何，随着高等教育竞争的日趋激烈，大学治理会面临更多的挑战……加快数字化转型必然是有利的。"[1]另外，常桐善教授提出的循证实践文化建设战略、数字化平台的建设战略、院校研究发展与数据分析战略，值得我们认真思考、学习和借鉴。

改变省部共建思维

省部共建大学，也叫省部共建高校，是指国务院相关部委（教育部及其他国家部委）与相关省、自治区、直辖市共建高校。主要为四类：一是教育部与地方政府对国家"世界一流大学建设高校"进行共建，以建设国内一流、国际知名的高水平大学，中央部委拉动地方政府配套支持相关高校发展的规划。二是教育部和各行业部门对各行业领域的高水平行业特色型国家"世界一流学科建设高校"进行共建。共建工作旨在指导这些特色高校扩大社会合作、强化社会服务，构建共建各方更稳固、持久的合作关系，在高水平大学建设中发挥重要作用。三是地方政府与教育部以及其他部委对部分实力较强的省属大学进行共建，通过拓展发展经费和资源，在全国范围内建设综合实力强、办学水平高，在全国有一定影响力的高水平大学。教育部为此设立了教育部省部共建工作研究中心，由教育部直属高校工作办公室直接领导，立足于省

---

〔1〕 常桐善："美国高等教育数字化转型现状及未来发展趋势"，载https://new.qq.com/rain/a/20211222A0CTTT00，2022年10月3日访问。

部共建。此外，教育部还吸纳这部分高校参加教育部直属高校的部分会议。[1] 四是地方政府与教育部之外的其他国家部委重点共建的省属大学。这些高校在某一或多个行业领域有较强的师资和科研基础，各部委加强对这些高校的支持力度，由各部委与地方省市签署省部共建协议，积极发展强势学科，提高综合实力，建设一批行业内具有巨大影响力的高水平大学。

自2004年河南省与教育部共建郑州大学以来，共建进一步扩展到东部沿海经济发达省（市）份，如浙江、广东、福建、江苏、上海、山东等。至此，全国31个省、自治区、直辖市和新疆生产建设兵团都有了地方政府与教育部共建大学。据统计，2004年到2011年，全国省部共建了22所高校，2012年到2014年3年间就增加了21所，2015年增加23所，2016年更是多达35所，2017年也有15所，已有近120所高校进入省部共建大学。2018年，中央财政支持地方高校改革发展资金，已由财政部和教育部联合下达，总经费高达114.6亿元，其中一部分正是拨给部省合作共建高校。山西大学、河北大学、郑州大学、南昌大学、云南大学、贵州大学、海南大学、青海大学、西藏大学、内蒙古大学、广西大学、宁夏大学、新疆大学、石河子大学等入选国家"中西部高校综合实力提升工程"的14所高校，由此前的"省部共建"升级为"以部为主、部省合建"高校行列，这14所高校所在的省份此前均没有一所教育部直属高等学校，通过获

---

〔1〕 参见教育部公布的《省部共建地方高校情况统计表（43所）》（2015年5月5日）。

得更多中央投入的专项经费，在人才引进、科研平台等方面支持，逐渐缩小与中央部属高校的差距。同年，上海中医药大学成为教育部与地方政府"部市共建"的第一所中医药院校。[1] 2019年12月26日，教育部与四川省人民政府在成都签署《共建四川大学等8所"双一流"建设高校协议》。根据协议，教育部和四川省将共同推进四川大学、电子科技大学世界一流大学建设，共同推进西南交通大学、西南财经大学、四川农业大学、成都理工大学、西南石油大学、成都中医药大学世界一流学科建设。[2]

省部共建大学意在给这些高校争取更多资源，推动高等教育公平。但是，笔者以为，这种做法对更多的大学是一种不公平，是一种伤害。在我国已经成为世界第二大经济体，市场经济已经起决定作用的今天，应该充分发挥市场的竞争作用，更多利用市场杠杆来调动各高校的积极性，而不应该人为地给高校划分亲疏（双一流除外）。应该是谁做得好就多得资源，做得不好就少得资源。如此，对众多高校才是公平的，也才能促使各高校积极争取实现高质量发展。

笔者发现，在省部共建大学的基础上，2020年，教育部与山东省人民政府签署了《关于整省推进提质培优建设职业教育创新发展高地的意见》，山东省成为全国首个省部共建国家职业教育创新发展高地的省份。到2020年底，已有山东

---

〔1〕"'211''975'之后，'省部共建'炙手可热，地方大学抢入'国家队'"，载《南方周末》2018年7月26日。

〔2〕"教育部与四川签署共建8所'双一流'建设高校协议"，载https://www.sohu.com/a/363050624_qq.986045，2020年12月20日访问。

省、甘肃省、江西省、江苏省、广东省先后成为省部共建职教高地的省份。2020年12月,教育部与浙江省人民政府印发《关于推进职业教育与民营经济融合发展助力"活力温台"建设的意见》,浙江省成为"十四五"规划开局之年中第一个省部共建职教高地的省份。2021年3月,2021年度湖南省全省高职教育工作视频会议在该省教育厅召开,为全力推进省部共建职业教育改革发展高地谋篇布局。2021年10月,教育部与安徽省人民政府决定,联合印发《关于整省推进职业教育一体化高质量发展加快技能安徽建设的意见》。问题是,这些省实施省部共建了,其他省怎么办?难道其他省的职业教育就放任自流了吗?如果全国各省都省部共建了,那么,共建还有什么意义呢?笔者以为,其一,不管哪个省,都应该一视同仁,为了公平起见,政策应该向中西部省份倾斜,而不是人为地制造新的不公平;其二,应发挥市场作用,实施竞争性拨款,谁做得好就支持谁。倾斜政策和竞争政策并举。如此,既可以保证公平,又可以推动各地在竞争中实现高质量发展。

深化后勤社会化改革

高校后勤是我国高等教育不可或缺的重要组成部分,这也是中国高校区别于国外高校的特色之一。我国高校的学生基本都住在学校里面。因此,如何办好后勤,对于高校稳定发展乃至高质量发展,至关重要。

改革开放以来,国家积极推动高校后勤社会化改革。

1985年中共中央《关于教育体制改革的决定》就提出:"高等学校后勤服务工作的改革,对于保证教育改革的顺利进行,极为重要。改革的方向是实行社会化。学校所在地方的党政领导机关要把解决好这个问题的责任担当起来。"此后,一直坚持这一方向始终没有动摇过。尤其是1999年至2003年,国务院连续四年召开高校后勤改革会议,积极推动高校后勤从高校中"剥离"出来,旨在使高校专心致志搞好教学和科研工作。2018年5月,中央深改委第二次会议研究高校企业问题,给高校发出了新的信号:"集中精力办学,实现内涵式发展。"2019年3月,教育部副部长孙尧在中国教育后勤协会换届大会的讲话中指出:要继续深化高校后勤社会化改革。要认真总结后勤改革,努力将改革经验与成果固化为政策法规和规章制度,坚持社会化改革方向,坚持全国一盘棋的前提下,因地制宜、因校制宜推进改革,研究和完善政策支持措施,适时出台推进深化后勤改革的政策文件。

总体看,我国高校后勤社会化改革大致经历了三个阶段,第一个阶段是从1985年到1999年,是外延社会化时期,主要任务是承包;第二个阶段是1999年到2015年,主要是"剥离",自设甲乙方,模拟企业运行;第三个阶段是2015年至今,甲乙方合并,服务外包(见表9)。

第五章 推进治理体系和治理能力现代化

表9 高校后勤社会化改革情况

	后勤改革一期：1985年至1999年（外延社会化）	后勤改革二期：1999年至2015年（外延社会化向内涵社会化转型）	后勤改革三期：2015年至2030年（内涵社会化）
社会背景	有计划商品经济 高等教育精英化	市场经济、市场在资源配置中起基础作用 高等教育大众化、高校规模扩张	市场经济、市场在资源配置中起决定作用、政府购买服务、第三方评价、智能时代，高等教育逐步由大众化转向普及化，高校内涵发展、质量高等教育、多元化和国际化高等教育
主要任务	承包	(1)剥离 (2)扩张 (3)人到哪去？钱从哪来？(4)构建新型保障体系	(1)完善新型保障体系 (2)内涵发展 (3)标准化 (4)专业化 (5)智能化 (6)文化化
主要特征	引进企业粗放经营 外延社会化 扁平化	规模扩张、粗放到精细，后期逐渐重视标准化、吃得饱、服务形式单一、追求单一性社会化模式、扁平化、科学化	内涵发展、精细化管理、后勤开放份额日益增大制度化、专业化、标准化、智慧化、现代化、国际化、吃得好、营养餐、多元化服务、后勤文化成型、第三方评价、社会化模式多样化
动力模式	开放力（渐强） 力的方向：向内	外推力（最强） 力的方向：外向力	整合力（渐强） 力的方向：内向力、内动力

目前，我国高校后勤社会化改革已经进入了3.0时代。从20世纪80年代中期的1.0版承包时代，经过20世纪90年代的2.0版自设甲乙方时代，进入了当今3.0版的大部分服务外包时代。

可以说，经过30多年的社会化改革，我国高校后勤服务与管理发生了巨大变化。高校后勤服务社会化程度稳中有升，多种运营模式同时并存，整体服务质量日益向好，整体满意度日益提升。全国高校餐饮、公寓、物业社会化程度均达到70%以上。根据麦克思公司对高校毕业生的追踪调查，2019年学生对学校后勤服务的满意度从2017届的88%提升到了2019届的90%。高校后勤社会化不仅确保了我国高等教育大众化的实现，而且，为社会提供了大批就业岗位。

但是，我们也发现，高校后勤社会化改革也存在一些问题，主要表现在一个不理顺、两个欠缺、三个普遍、四个不足。一个不理顺是体制机制不理顺，至今为止全国关于高校后勤并没有一个稳定的体制机制。两个欠缺是，长效机制欠缺，服务标准欠缺。三个普遍是人员流失普遍，低成本运营普遍，治理能力不高普遍。四个不足是优质企业不足，专业人员不足，重视营养不足，服务育人不足。具体而言，存在以下问题：深化后勤改革的政策供给不足，学校设备老化，后勤经费投入不足，后勤食堂成本压力日增，学生公寓住宿费标准落后，后勤事业编队伍老化，服务外包招投标管理不规范，学校对外包服务质量监管滞后，学校存在诸多安全隐患，后勤服务实体不堪重负。

这些问题如果得不到很好的解决，不仅会严重影响我国高等教育健康发展，而且，将严重制约我国高等教育高质量发展。因此，应进一步提高对高校后勤工作的认识，下大力气加快推进高校后勤社会化改革，不断满足广大师生对高质量后勤服务的需求，为进一步提升高等教育质量，推动高等教育强国建设提供可靠保障。

第五章 推进治理体系和治理能力现代化

按知识生产传播规律办事

本书第二章,笔者提出要把握高深知识生产传播力和生产传播关系规律。这不仅是一种理论,也是一种方法论。这一规律对于提升一国一区域一高校治理体系和治理能力现代化水平,至关重要。实现高等教育高质量发展,建设高等教育强国,必须重视这一规律,必须按照这一规律办学。如此,则可能比较顺利地实现高等教育高质量发展。否则,我们就有可能受到这一规律的惩罚。

在实际工作中,对于一国和一校而言,如果高等教育质量不高,一个基本判断就是,要么是高深知识生产传播力出了问题,要么是高深知识生产传播关系出了问题,或者二者都存在问题。准确判断,及时调整各种矛盾,对于不断提升高校办学质量水平,十分重要。

在高等教育实践中,笔者发现,如果一国一区域或一高校人力资源这一高深知识生产转播力的要素质量不高,那么,就不太可能有高质量的高等教育。第二次世界大战之后美国的高等教育和科技发展迅猛,为什么?这与其在战争中从德国网罗了一批科学家分不开。为什么美国当今依然是世界高等教育强国,这与其当今时代大学中依然拥有大批科学家是分不开的。在我国,为什么西部地区的高等教育相对落后于东部地区的高等教育,人才这一高深知识生产传播力中最活跃的要素短缺或流失是一个主要原因。根据2020年的相关研究,西部地区高校博士学位教师占比20%,比东部地区平均低13个百分点。西部地区高校拥有的两院院士、国家杰出青年、国家青年千人、国家优秀青年等高级人才数量仅占全国的10.3%，东部地区高校相比多出6倍。2018年全国高校高被引学者中，西部地区高校仅占全国的9%，东部地区高校多出接近7倍。可见在高水平教师资源方面，西部地区高校相形见绌，这是西部地区高校最大的短板。[1]高校也是如此，谁拥有高深知识生产传播力中最活跃的人的要素，那么，谁就能走在前列。清华大学、北京大学、浙江大学为什么走在高校前列，为什么能够进入世界一流大学排行榜前一百名，拥有国际顶尖教授是重要原因之一。

　　与此同时，如果高校的科学研究实验仪器设备这一高深知识生产力要素落后，那么，也不太可能生产出世界领先的高深知识。有研究者发现，很多诺贝尔奖获得者所使用的实验仪器设备是自己设计的。为什么？原因就在于如果是进口的，或者其他人使用过的，一定是已经取得了科研成果的，而不会是原创的。换言之，也就是说，凡使用进口的设备，或者别人使用过的设备，大都无法产生新的从0到1的科研成果，因为其所使用的仪器设备已经注定了研究成果的局限性或落后性。如果要在科研上实现0到1的突破，要超越前人，一定要使用别人没有的仪器设备。

　　此外，经费这一高深知识生产传播力中的基本要素如果供给不足，也会导致高等教育质量不高。根据2020年的研究，西部地区高校与东部地区高校的经费投入每校平均相差

---

〔1〕李硕豪："西部高等教育均衡发展的路径创新"，载《光明日报》2020年6月9日。

4亿多元，西部一些省份如甘肃省高校与东部地区高校的经费投入每校平均相差高达8亿多元。[1]也就是说，经费这一高深知识生产和传播的要素对我国西部高等教育产生了不利影响，导致西部高等教育质量不如东部。在国外也是如此，为什么哈佛大学世界著名？除了其拥有世界领先的学科带头人之外，其办学经费投入庞大，无疑是其成为世界顶尖大学的重要原因。

在高深知识生产传播力和生产传播关系的规律中，如果高深知识生产传播关系出了问题，也不太可能实现高质量高等教育。比如，在一所高校，行政干部权力过大，把控各种资源，教师被管控得没有一点自主权，那么，就会造成行政人员与专任教师之间的关系紧张。在这种背景下，想达到高科研产出或培养出高水平学生恐怕比较困难。再比如，当下许多高校实行绩效工资改革，结果老师们发现，中层干部和行政人员的绩效工资平均比专任教师的高出许多。于是，老师们就会心生不满，就会造成二者之间的关系紧张。此时，如果不及时调整二者的关系，使之达到适度的水平，那么将会严重影响专任教师的积极性，进而影响学校的办学质量和水平。再比如，1999年开始，我国政府提出对高校后勤实行"剥离"，推动高校后勤社会化。然而，由于当时没有那么多优质的社会企业可选择，于是，高校后勤社会化改革受阻，后勤人员与学校关系十分紧张，有的学校甚至发生了激烈的人员冲突。后来，许多高校结合实际，建立了类似于企业甲

---

[1] 李硕豪："西部高等教育均衡发展的路径创新"，载《光明日报》2020年6月9日。

乙方制度，高校后勤人员与学校的紧张关系才逐渐有所好转。

　　事实上，有些高校的教师并不在乎经济收入多少，他们在乎的是，其所在高校有一种让人舒心的人际关系，有一种能让人潜心搞科研的学术氛围。换言之，一国一区域一高校，仅有先进的高深知识生产传播力，即人员、设备、经费等这些要素还远远不够，还必须有良好的高深知识生产传播关系，二者缺一不可。

　　按照高深知识生产传播力和生产传播关系规律办事，就要准确判断国家层面、区域层面或学校层面到底是高深知识生产传播力出了问题，还是高深知识生产传播关系出了问题。从国家层面看，随着我国成为世界第二大经济体，随着教师队伍中博士数量的日益增加，我国的高深知识生产传播力将日益提升，逐步赶上或超过世界高等教育强国。在此种背景下，如何建立与高深知识生产传播力相适应的生产传播关系，如何调整与高深知识生产传播力不适应的生产传播关系，应该是我国高等教育的重要任务。当然，区域不同，高校不同，主要任务和工作重点也会不一样。但是总体上，构建与当代高深知识生产传播力相适应的生产传播关系，是国家也是许多区域和高校的重要任务。至于各区域和各高校，则可能是高深知识生产传播力出了问题，或者高深知识生产传播关系出了问题，也可能是二者都存在问题。这需要根据各地和各高校实际进行判断。

　　总之，尊重高深知识生产传播力与高深知识生产传播关系规律，按照高深知识生产传播力与高深知识生产传播关系规律办事，循序渐进，这是我们追求高等教育高效率高质量的必然选择，也是我国建成世界高等教育强国的必然选择。

参考文献

1. 中共中央马克思恩格斯列宁斯大林著作编译局编：《马克思恩格斯选集》(第3卷)(第2版)，人民出版社1995年版。
2. 许耀桐："应提'国家治理现代化'"，载《北京日报》2014年6月30日。
3. 习近平："切实把思想统一到党的十八届三中全会精神上来"，载《人民日报》2014年1月1日。
4. 本书编写组：《中国共产党简史》，人民出版社、中共党史出版社2021年版。
5. [美] 约翰·S. 布鲁贝克：《高等教育哲学》(第3版)，王承绪等译，浙江教育出版社2002年版。
6. 郝维谦、龙正中主编：《高等教育史》，海南出版社2000年版。
7. 中国蔡元培研究会编：《蔡元培全集》(第3卷)，浙江教育出版社1997年版。
8. 王奇生：《中国留学生的历史轨迹(1872—1949)》，湖北教育出版社1992年版。
9. 西南联合大学北京校友会编：《国立西南联合大学校史——一九三七至一九四六年的北大、清华、南开》，北京大学出版社1996年版。
10. 周川、黄旭主编：《百年之功——中国近代大学校长的教育家精神》，福建教育出版社 1994 年版。

11. 刘述礼、黄延复编：《梅贻琦教育论著选》，人民教育出版社 1993 年版。

12. 中央教育科学研究所编：《中华人民共和国教育大事记（1949—1982）》，教育科学出版社 1984 年版。

13. "211 工程"部际协调小组办公室编：《"211 工程"发展报告（1995—2005）》，高等教育出版社 2007 年版。

14. ［英］阿什比：《科技发达时代的大学教育》，滕大春、滕大生译，人民教育出版社 1983 年版。

15. ［美］马利杰克、凡·德·温得："国际化政策：关于新倾向和对照范式"，姚加惠译，载《国际高等教育研究》2003 年第 2 期。

16. ［美］西奥多·W. 舒尔茨：《人力资本投资——教育和研究的作用》，蒋斌、张蘅译，王璐校，商务印书馆 1990 年版。

17. 惠宁、霍丽："试论人力资本理论的形成及其发展"，载《江西社会科学》2008 年第 3 期。

18. 教育部社会科学研究与思想政治工作司组编：《自然辩证法概论》，高等教育出版社 2004 年版。

19. 王桤伦："全球经济一体化中的国际生产组织研究"，浙江大学 2007 年博士学位论文。

20. 潘懋元："教育的基本规律及其相互关系"，载《高等教育研究》1988 年第 3 期。

21. 王家源、赵秀红："我国基础教育水平迈入世界中上行列"，载《中国教育报》2020 年 12 月 11 日。

22. 邹硕："PISA2018 测试结果正式发布 中国 3 项科目全部位居第一"，载 https://baijiahao.baidu.com/s? id = 1651968218556313378& wfr = spider&for = pc，2019 年 12 月 4 日访问。

23. 赵婀娜："如何处理好高中教育与大学教育的衔接"，载《人民日报》2013 年 4 月 25 日。

24. 邵志豪："高中与大学衔接须回归育人本质"，载《中国教育报》2022年3月30日。

25. 王铭、王名扬、陈琼："2018版卡内基分类对我国高校分类框架构建的启示与借鉴"，载《高教探索》2021年第6期。

26. "'工匠精神'不要空喊，应尊重技工，工资不再与学历挂钩！"，载http://news.sohu.com/a/506161546_121124567，2021年12月5日访问。

27. 张春雷、苏雁、刘已粲："德国职业教育：'双元制'模式为主体 毕业生极具竞争力"，载《光明日报》2021年10月18日。

28. 王思涵、刘雪："报告：过去5年澳大利亚职校生减少4成，部分工资高于大学毕业生"，载《南方都市报》2019年8月27日。

29. 陈玥、李洋："新世纪以来澳大利亚职业教育'标准化运动'：背景、演变及特征"，载《职业技术教育》2013年第28期。

30. 马国义："美国师范教育发展历史给我们的启示"，载《张家口师专学报》2001年第1期。

31. "师资队伍流失严重，2020年民办高校的出路在哪里？"，载https://baijiahao.baidu.com/s?id=1684135833886169856&wfr=spider&for=pc，2020年11月24日访问。

32. 秦晖、赖红英："民办教师与公办教师一视同仁"，载http://www.sina.com.cn，2020年6月20日访问。

33. 胡建波："应用型高校'以学生为中心'的范式转型——西安欧亚学院的转型实践历程"，载《中国教育报》2021年12月28日。

34. 李星平："中印俄美大学生能力调研：中国学生表现怎么样？"，载https://www.sohu.com/a/454782463_608848，2021年3月9日访问。

35. 李林瑾等："中国、美国和欧洲高校土木工程教学课程设置对比分析"，载《高等建筑教育》2018年第2期。

36. 陈玉等："中国与美国、加拿大、英国等发达国家医学院校医学教育课程设置比较研究"，载《现代医药卫生》2020年第10期。

37. 黄宇智编：《潘懋元高等教育学文集》，汕头大学出版社 1997 年版。

38. 赵洪："研究性教学与大学教学方法改革"，载《高等教育研究》2006 年第 2 期。

39. 肖正德："我国对话教学研究十年：回顾与反思"，载《高等教育研究》2006 年第 4 期。

40. 时长江："讨论式教学法及其在'两课'教学中的运用"，载《高等教育研究》2005 年第 7 期。

41. 谢安邦主编：《中国高等教育研究新进展·2002》，华东师范大学出版社 2003 年版。

42. 中国高等教育学会组编：《改革开放 30 年中国高等教育发展经验专题研究（1978~2008）》，教育科学出版社 2008 年版。

43. 郝培锋等："大学课程教育中先进的教学手段与教学思想研究"，载《辽宁教育研究》2002 年第 2 期。

44. 别敦荣："大学教学方法创新与提高高等教育质量"，载《清华大学教育研究》2009 年第 4 期。

45. 陈浩："不屑于教学方法：大学教改抹不去的痛"，载《决策与信息》2016 年第 3 期。

46. 李冲、张丽、苏永建："薪酬结构、工作满意度与高校教师工作绩效关系的实证研究"，载《复旦教育论坛》2016 年第 5 期。

47. 忻榕、陈威如、侯正宇：《平台化管理：数字时代企业转型升维之道》，机械工业出版社 2020 年版。

48. 于珍："教育部：全国'双师型'教师总量为 45.56 万人"，载 http://www.jyb.cn/rmtzcg/xwy/wzxw/201910/t20191017_267891.html，2019 年 10 月 20 日访问。

49. 化振勇："高校非事业编制人员管理探索"，载《北京教育（高教）》2015 年第 9 期。

50. 皮俊杰："事业单位改革背景下高校非事业编制人员权益保障问题研究——以 A 大学为例"，载《时代经贸》2019 年第 15 期。

51. 刘垠:"上升 2 位!我国国际顶尖期刊论文数量跻身世界第二",载《科技日报》2021 年 12 月 28 日。

52. 孟中媛:"百年来中国大学的三次转型发展的历史回顾",载《黑龙江高教研究》2008 年第 5 期。

53. 荀渊:"中国高等教育从传统向现代的转型——对 1901—1936 年间中国高等教育变革的考察",华东师范大学 2002 年博士学位论文。

54. 邬大光:"大学转型发展的时代呼唤",载《中国高教研究》2021 年第 8 期。

55. 郑杭生:"转型发展论",载 https://baike.so.com/doc/24951837-25905919.html,2020 年 12 月 20 日访问。

56. 王树国:"第四次工业革命背景下的高等教育变革与发展",载《中国高教研究》2021 年第 1 期。

57. 拜争刚主编:《循证社会科学》,华东理工大学出版社 2019 年版。

58. 俞可、陈丹、赵帅:"循证:欧盟教育实证研究新趋向",载《华东师范大学学报(教育科学版)》2017 年第 3 期。

59. 林荣日:"中外政府与高校权力博弈模式比较研究",载《开放教育研究》2007 年第 1 期。

60. 蔡克勇主编:《20 世纪的中国高等教育(体制卷)》,高等教育出版社 2003 年版。

61. 宋秋蓉:"'威权'推进学术自治与民主治校——大学教育家朱九思的办学逻辑",载《山东高等教育》2016 年第 6 期。

62. 邬大光:"走出计划经济与市场经济的双重藩篱——我国高等教育 70 年发展的反思",载《苏州大学学报(教育科学版)》2019 年第 3 期。

63. 王建华:"重塑高等教育改革:从计划教育到思想市场",载《大学教育科学》2016 年第 6 期。

64. 张应强:《在计划与市场之间:我国高等教育的治理转型和治理体系建设》,华中科技大学出版社 2020 年版。

65. 黄达人："新时代高等教育评价改革的特点及思考"，载《河北师范大学学报（教育科学版）》2022年第3期。

66. 刘爱生："美国大学校长任期为何变短"，载《中国教育报》2021年9月2日。

67. 陆雄文主编：《管理学大辞典》，上海辞书出版社2013年版。

68. ［德］克劳斯·施瓦布、［法］蒂埃里·马勒雷：《后疫情时代——大重构》，世界经济论坛北京代表处译，中信出版集团2020年版。

69. 常桐善："美国高等教育数字化转型现状及未来发展趋势"，载https://new.qq.com/rain/a/20211222A0CTTT00，2022年10月3日访问。

70. 吴岩："抓好新基建　迈向高质量——大力推动慕课与在线教学创新发展"，载http://www.360doc.com/content/12/0121/07/49846785_1006175398.shtml，2022年10月10日访问。

71. 怀进鹏："聚焦数字中国，大力实施教育数字化战略行动"，载https://new.qq.com/rain/a/20220301A05YPB00，2022年10月25日访问。

72. "'211''985'之后，'省部共建'炙手可热，地方大学抢入'国家队'"，载《南方周末》2018年7月26日。

73. 李硕豪："西部高等教育均衡发展的路径创新"，载《光明日报》2020年6月9日。

后 记

本书从最初设想,到实际动笔,及至完成全部书稿,历时两年有余。在这两年多时间里,因疫情几次居家隔离,因此才得以远离闹市,静下心来思考一些因平时工作忙碌而无法深入思考的问题。

本书有的论题和观点,是在兰州大学工作之余,向我的导师邬大光教授请教后受到启发而得;有的观点是近几年为硕士和博士研究生讲授《高等教育哲学》《高等教育管理学》《高等教育政策学》《高等职业技术教育学》等课程的备课过程中形成的;有的观点是在兰州大学高等教育研究院每两周举办的学术沙龙上,与各位老师及同学们的讨论中形成的。在此,向各位老师和同学表示衷心的感谢!

本书还引用了多位高等教育研究者的观点,丰富了本书的内容,向他们表示诚挚的感谢!同时,我还要感谢澳大利亚职业教育联盟(AVEA)秘书长关北松先生,他为本书提供了部分资料。此外,我指导的博士研究生李梦真、夏超、韩欣谕,硕士研究生徐佳、刘馨蕊、叶子凡、鱼跃、刘世锋、鄢洺亦、文嘉惠、戴于晴、高洁、方莹莹等,为本书搜集了部分资料，在此一并表示感谢！

在此，我还要特别感谢中国政法大学出版社的柴云吉主任，感谢他对本书的精心编辑，以及一如既往地给予我大力支持！